guía burros

PARA COMPRAR UN PISO

SONIA FERNÁNDEZ

www.comprarunpiso.guiaburros.es

EDITATUM

Diseño de cubierta: © LOOKING4

Maquetación de interior: © EDITATUM

Primera edición: Mayo de 2019

ISBN: 978-84-17681-24-1

Depósito legal: M-17992-2019

IMPRESO EN ESPAÑA/ PRINTED IN SPAIN

Si después de leer este libro, lo ha considerado como útil e interesante, le agradeceríamos que hiciera sobre él una **reseña honesta en Amazon** y nos enviara un e-mail a **opiniones@guia-burros.com** para poder, desde la editorial, enviarle **como regalo otro libro de nuestra colección.**

guía burros

Agradecimientos

Muchas gracias a las personas y profesionales que a lo largo de los años han compartido sus conocimientos y enseñanzas conmigo.

A los que me han enseñado a no conformarme con la solución inmediata, lo que me lleva a esforzarme e intentar encontrar lo mejor.

Y no me quiero olvidar de las personas que, simplemente por no hacer nada, me han obligado a aprender a resolver los problemas yo sola.

Con mucho cariño a los compañeros de mi equipo de técnicos de mantenimiento y constructores de los últimos años, de los que he aprendido mucho.

En este libro en concreto a Fernando Ramírez, ingeniero superior y compañero desde hace ocho años, que me ha marcado los puntos a seguir en el apartado de instalaciones y lanzarme un cable (nunca mejor dicho) en algún apartado concreto.

Y gracias a vosotros que tenéis el libro en vuestras manos.

Sobre la autora

**Sonia Fernández** es natural de A Coruña, donde estudió la carrera de Arquitectura cursando la especialidad de urbanismo.

Al acabar los estudios, se trasladó a Madrid por trabajo. Allí comienzó su andadura profesional en varios estudios de arquitectura realizando proyectos de todo tipo pero, sobre todo, viviendas: desde concursos de VPO, bloques de viviendas con zonas comunes a viviendas unifamiliares. Esto le permitió conocer algunas de las preguntas más comunes de los futuros inquilinos.

Más tarde, ha desarrollado su trabajo realizando reformas de locales de oficinas ejecutando todas las fases del proyecto, y ejerciendo la dirección facultativa en casi todas ellas, lo que la lleva a estar a pie de obra, intentando sacarle el mayor partido a los materiales constructiva y estéticamente.

Índice

Introducción

¿Por fin nos hemos decidido? ¿Estamos seguros? ¿Nos lanzamos?

Vamos a crecer y dar un paso más en vida: hemos tomado la decisión de independizarnos —lo que se conoce como abandonar el nido—, aunque al principio vamos a ir a comer casi todos los domingos a casa de los papis y de paso traernos *tupperwares* de mamá.

Llegados a este punto, puede ocurrir de varias maneras: compartiendo piso con algún amigo, con nuestra pareja o lanzándonos en solitario.

Lo que os voy a contar es mi propia experiencia. Hace ya casi quince años, por una oportunidad de trabajo, me trasladé de ciudad. Dejé mi océano Atlántico y me vine a la capital del reino a vivir.

Busqué entonces mi primera casa de alquiler, una habitación en un piso compartido, y empecé a comprender que por ser arquitecto, había detalles en los que me fijaba y que mis compañeros no tenían en consideración, para encontrarse con los problemas después.

Pasados unos años, cuando me fui a vivir sola a un mini piso, gracias a mi experiencia y a que soy un poco mañosa, además de revisar de antemano una serie de aspectos, le di un aspecto bastante aceptable, organizando muy bien el espacio y añadiendo pequeños detalles que consiguieron sacar lo mejor de aquel bajo sin luz que daba a un patio interior

Actualmente vivo en un pisito muy bien situado que se ha convertido en mi hogar; es donde ahora empiezo a escribir esta guía, que espero sea de utilidad para encontrar una casa.

Sí, ya sé que hoy en día es casi una utopía, pero si hay valientes que lo intentan, al menos que tengan un punto de partida para poder seleccionar lo mejor posible su vivienda y poder convertirla en un hogar, sin importar las condiciones: tamaño, presupuesto, etc.

Para esto he contado con la ayuda de Fernando Ramírez, un ingeniero industrial con el que trabajo desde hace casi ocho años y que me ha enseñado mucho de las «tripas» que hacen confortable la vivienda, su funcionamiento mas allá de trazados, cómo revisarla y hacerla más eficiente.

Como inicio para esta guía, os dejo un par de pensamientos que deberíais de tener en mente.

La vivienda no es solo un bien inmobiliario; es también una forma de consolidación espiritual.

MARIO BENEDETTI

El hombre feliz es aquel que, siendo rey o campesino, encuentra paz en su hogar.

GOETHE

Documentación básica

¡Bueno! Llego el momento de elegir nuestra primera vivienda. Como acabo de comentaros, a lo largo de esta guía vamos a daros los puntos importantes que debéis revisar en este proceso.

Lo primero: creo que es importante es que os enamoréis de la vivienda; debéis sentir un flechazo partiendo de la objetividad. Puede sonar raro, pero una vez que objetivamente encontréis la casa, debéis experimentar algo más, que os mueva el piso —nunca mejor dicho—, que sintáis un cosquilleo, «algo» cuando estéis en ella.

La experiencia me dice que no hay ningún lugar que no se pueda transformar en el lugar que a ti te guste, donde sentirse cómodo.

Lo más probable es que mil dudas atenacen nuestra cabeza: qué buscar, dónde, a qué precio... Realmente suele ocurrir que todos tenemos la casa de nuestros sueños, pero como no será tan fácil encontrarla, tendremos que partir de unos puntos básicos:

— Ubicación
— Presupuesto
— Compra o alquiler

— Tipo de vivienda:
  - Unifamiliar o piso
  - Número de habitaciones
  - Amueblado o sin amueblar

Realmente será una suma de todos estos aspectos, y dentro de ellos seguramente el económico tendrá mucho peso, lo que nos conducirá a la decisión final.

Antes de nada vamos a darle un repaso a la documentación necesaria en cada uno de los casos, algo importantísimo para resolverlo bien, pero muy tedioso, por lo menos para mí.

Hemos decidido comprar una vivienda. En este caso pueden darse dos situaciones: comprar sobre plano o comprar una vivienda construida de segunda mano.

Lo importante de comprar en plano es hacerse primero con toda la información de planos y calidades de la promoción. Como en toda obra, algunas partidas se decidirán durante la obra. Debemos asistir a las reuniones para conocer las opciones y soluciones acordadas. Lo mejor es dejarlo todo lo más cerrado posible de antemano, para que el precio final no os dé un disgusto por los contradictorios, y en el caso que existan, dejadlos aprobados como anexo al contrato.

En el contrato deben reflejarse bien los diferentes pagos y los plazos de entrega, además de las penalizaciones en caso de retraso. Pedid a la constructora toda la documentación que estiméis necesaria.

Deben reflejarse también los plazos de garantía para los posibles problemas o incidencias que puedan aparecer a posteriori: según la ley, como mínimo un año para los acabados, tres para temas constructivos y diez para estructura. Esto es lo mínimo; si podéis ampliarlo, bienvenido sea.

Hay que anexar al contrato los planos de la vivienda, incluidos los de instalaciones, la memoria de calidades y los diferentes profesionales que intervienen: arquitecto, arquitecto técnico, ingenierías, etc. El contrato debe incluir y tener bien reflejadas las causas por las cuales cualquiera de las partes puede resolver el mismo.

Importantísimo es desde el primer momento pedir una copia de la licencia de obras, y comprobar que cumple todo lo recogido en ella. Además, os servirá para comprobar, cuando la obra esté terminada y vaya a ser entregada, que todo se ajusta a lo presentado y acordado en la compra. En cuanto a las diversas formas de pago, hay que solicitar un documento que recoja la existencia o no de hipotecas, la subrogación y la cancelación de las mismas.

En el caso de la compra de una vivienda ya construida, la documentación es la misma:

- El certificado de final de obra, donde el técnico o dirección facultativa de la obra declaran que todo está conforme a sus especificaciones.
- La cédula de habitabilidad, que emite un arquitecto o aparejador y garantiza que la vivienda ha superado

los controles de calidad obligatorios. Este documento es necesario para poder dar de alta los suministros de agua, electricidad o gas de la vivienda propia.

- La licencia de primera ocupación y la garantía obligatoria; los plazos de garantía que hemos comentado antes, para los llamados vicios ocultos.

En el caso que la vivienda sea de segunda mano:

Importante el titulo de propiedad o como mínimo la nota simple como primera comprobación de los propietarios; si tiene cargas, embargos o hipotecas, recuerda también el certificado del dominio y cargas. También un plano de la vivienda a escala.

> ⚠ **IMPORTANTE**
>
> *Es importante el último recibo de la comunidad de propietarios, para confirmar que no haya pagos atrasados, y el último recibo del IBI por el mismo motivo: comprobar que no haya pagos pendientes.*

Además de conocer el valor catastral, nunca está de más pedir los estatutos de la comunidad y conocer si hay alguna derrama o alguna obra prevista en las zonas comunes.

En este caso también debe de pedirse la célula de habitabilidad; esta caduca a los quince años y debe estar renovada y en vigor.

Ante cualquier duda acerca de la vivienda, pedid la información urbanística. En los ayuntamientos se guardan copias de las licencias y a los propietarios se les facilitan copias, por lo que ante cualquier duda, el propietario puede pedir una copia sin problema y aportarla al contrato de compraventa.

Otro documento es el **libro del edificio**, que recoge los datos de identificación y construcción del inmueble: si se les han hecho obras de reforma, de qué tipo y cuándo.

Os recuerdo que esto es un breve resumen de la parte burocrática de la compra de una vivienda, simplemente para que tengáis una idea de la documentación necesaria. En realidad es un tema mucho más extenso; recurrid a la ayuda de buenos profesionales y haced las consultas que necesitéis.

Lamentablemente no es un proceso sencillo, y además hay que añadirle los notarios y el registro de la propiedad. El notario se encargará de este paso; repasad bien las superficies registradas, lindes y demás. El registro de la propiedad ya cruza datos con el catastro y así os llegara el recibo del IBI.

Por lo tanto, al pago de la casa se la añaden los gastos derivados de notario, registro, etc.

Cuando la opción es alquilar una vivienda, la documentación es más sencilla: actualmente el propietario debe aportar el certificado energético, que es obligatorio dependiendo de las comunidades autónomas. Como en el caso anterior, también la licencia de primera ocupación.

Debéis pedir la nota simple del inmueble para que no ocurra nada extraño, como que aparezca otro propietario o alguien esté subarrendando. Tranquilos, no es lo normal, no suele ocurrir, pero por pedir una nota simple o una copia de la escritura como anexo, puede que piensen que somos unos inquilinos muy responsables, lo cual como arrendador me parecería fantástico.

Dependiendo de lo que se incluya en el precio del alquiler, gastos de comunidad e I.B.I. incluido; si no es así, pedid el último recibo de cada uno de ellos.

Importantísimas son las altas de suministros: luz, agua, gas... Comprobad que todo está en orden, porque dar un alta de suministro a veces puede convertirse en un auténtico sufrimiento. Como en los casos anteriores, el último recibo pagado es suficiente; es algo muy sencillo, como podéis ver, y sirve para comprobar que está todo correcto.

Si queréis podéis cambiar la titularidad de suministro —por supuesto, de mutuo acuerdo con el arrendador— y acordaos de incluirlo en el contrato; cuando se resuelva el mismo, debe restituirse la titularidad.

Si alquiláis la vivienda amueblada, debe realizarse un inventario de los enseres incluidos, y si algo se deteriora avisad al propietario para que sea restituido en caso que deba hacerlo.

Y ya se nos entregan las llaves el día de firma; todas las llaves, ya que ahora pasáis vosotros a tener el uso y disfrute de la vivienda.

Para terminar con el tema burocrático, un resumen de la nueva LAU (Ley de Arrendamientos Urbanos), que ha entrado en vigor el 5 de marzo de 2019:

— Se amplían los plazos de prorroga obligatoria de tres a cinco años, y la prórroga tácita de un año a tres. La prórroga tácita se da cuando se prorroga el contrato de mutuo acuerdo, pero sin realizar un anexo firmado.

— Si el arrendador es una persona jurídica (es decir, representa a una propiedad) la prórroga obligatoria es de siete años y la tácita de tres.

— La fianza no puede ser superior a dos meses.

— Una vez terminada la vigencia del contrato, el arrendador debe avisar al inquilino con cuatro meses de antelación la intención de no renovar el contrato, y el inquilino debe hacerlo con dos meses.

— Un punto importante a revisar en el contrato es la recuperación de potestad de la vivienda por cambio de circunstancias familiares; para que esto ocurra debe estar expresamente recogida en el contrato.

— Si la vivienda se vende, el comprador debe respetar el contrato de alquiler, esté o no inscrito en el registro de la propiedad.

Bueno, ya hemos dado unas pinceladas básicas al tema burocrático. Se trataba simplemente de indicar la documentación importante que se necesita en cada uno de los casos: un esbozo, no mucho más.

Características básicas

Ahora vamos a lo que para mí es más agradable y lo que va a determinar vuestra elección desde el punto de vista del confort y la habitabilidad: los aspectos que os llamarán la atención para que sea esa y no otra la casa donde queréis vivir, y que después convertiréis en vuestro hogar.

Estos factores son: iluminación, soleamiento, orientación, ubicación, superficie y distribución.

Iluminación

Con relación a la luz hay que tener en cuenta varios factores.

Si tienes la oportunidad, visita la vivienda un par de veces a horas diferentes; puede cambiar mucho según las horas del día.

Debes tener en cuenta la amplitud de la calle o patio, porque si la calle o patio son estrechos y el piso no es de los más altos puede que al cabo de un par de meses creas que vives en *Mordor*, y casi nunca sepas si hace sol o no. Esto suele ocurrir con las viviendas bajas que dan a un patio interior. Os lo digo por experiencia: soy gallega y estoy acostumbrada a vivir en el gris, pero a veces es un poco desconcertante.

La iluminación mejora siempre con la altura de vivienda, pero ser la última vivienda también tiene sus contras: siempre será más difícil de aclimatar y perderá calor en invierno y frío en verano; eso si no tendréis vecinos arriba.

Tened cuidado con la terraza del ático; si está orientada al norte puede que no la puedas disfrutar todo lo que quieras, porque puede producir sombra el propio edificio y no le dé el sol lo suficiente. Cuidado con esto, tomaos vuestro tiempo para comprobar si los edificios de enfrente os dan sombra, sea cual sea la altura del piso.

Lo mismo debéis aplicar en caso de una vivienda unifamiliar con parcela: dónde colocáis las terrazas o zonas de estar exteriores.

Casi todo el mundo defiende la orientación sur como la mejor; particularmente me gusta la orientación este: luz agradable por la mañana, puedes ver amanecer con tu café en la mano y en verano no mueres de calor.

Pero si te gusta el sol y eres un lagarto, no lo dudes: orientación sur.

Vivienda interior o exterior

Si la vivienda es interior, lo deseable es que tenga patio interior o patio de manzana. ¿Diferencias entre uno y otro? El patio interior es el patio del edificio, generalmente zonas de cocinas.

El patio de manzana es el del bloque de todos los edificios que forman esa manzana. Son amplios e incluso alguno está bien arreglado. Si se trata de un patio de manzana amplio, la vivienda será más silenciosa que las que dan a la calle. Se gana en horas de sueño y silencio, sobre todo si la vivienda no tiene ventanas con doble acristalamiento.

Orientación

Sigamos con los demás agentes externos.

Es importante tener en cuenta el clima de la zona donde uno reside. Si es un lugar con veranos muy severos o inviernos muy fríos, la orientación es importante; el sur en verano puede ser un martirio, dependiendo de su posición, ya que la vivienda puede recibir calor desde las diez de la mañana hasta las cinco de la tarde, y la orientación norte será la más desfavorable en invierno, además de ser menos luminosa. Esto puede significar una diferencia de dos grados de una habitación otra, simplemente por estar en una zona u otra de la vivienda. También es importante si tiene viviendas medianeras o sobre ellas; es decir, que no es la última. Esto hace que la pérdida de calor sea siempre menor, lo que implica menos gasto en climatizar la vivienda.

Superficie y distribución

El otro tema delicado es la superficie: si necesito una casa muy grande, cuántos metros son suficientes, habitaciones, etc.

Muchas veces más metros no son habitaciones o estancias más amplias, ya que los metros pueden perderse en pasillos, distribuidores o espacios inútiles; aunque a veces puede ocurrir lo contrario por no tener pasillos o distribuidores. Podemos caer en viviendas donde a la larga tendremos que colocar algún mueble para separar zonas, sin una entrada que sirva de transición. Si tenéis una buena visión espacial os será más fácil, pero no os desesperéis, tomáoslo con calma, y sobre todo analizad en profundidad lo que os parecen las virtudes; reposadlas un par de días.

Pensad en las necesidades: si vais a trabajar en casa, si tenéis algún *hobby* que necesite espacio, si queréis ampliar la familia en un futuro, si tenéis mascotas... Seguro que ahora mismo os parece muy obvio, pero prefiero pecar de pesada "tiquismiquis" a que se nos olvide algo.

Lo importante es la parte de la casa donde vas a estar más tiempo; a cada uno de vosotros os gustan cosas diferentes en orientación e iluminación.

Es clave que las estancias estén compensadas. Por ejemplo: no os dejéis engatusar por el «súper baño», si por ello tenéis que sacrificar el tamaño de habitaciones. Los espacios abiertos están muy bien, pero no podéis «caeros» de un espacio a otro.

Lo principal debe ser el salón y la cocina, comunicados por el comedor. Un buen salón puede organizarse en zonas, y cuando digo «buen salón» no me refiero solo a que sea amplio: debe tener una zona para comer, la zona de estar, y si lo organizáis bien, incluso la zona de trabajo.

Lo mejor son estancias rectangulares; los espacios con ángulos agudos —llamémoslos triangulares— son complicados de distribuir, y deben de estar proporcionadas a los usos que les queréis dar.

Las cocinas abiertas al salón siempre hacen más amplia la vivienda, pero ¡cuidado con los olores! Es importantísimo que la campana extractora sea buena y tenga un buen tiro para evitar malos olores y humaredas. Lo ideal es que estén apoyadas en pared y sin codos en el conducto, para mejorar el tiro.

Tener la cocina, el comedor y el salón integrados es algo muy funcional si tienes una gran vida social y te gusta organizar comidas o cenas en tu casa, pero no imprescindible. Desde un punto de vista funcional deben estar a la entrada de la vivienda.

La zona de comer como nexo entre cocina y salón puede ser una extensión de cocina: una prolongación de la barra de la cocina, por ejemplo.

Ocupémonos ahora de la zona privada.

Las habitaciones deben ser un espacio destinado al descanso; por lo tanto, busca la parte menos ruidosa de casa y en la que puedas mantener tu espacio. Si puedes evita tener la zona de trabajo dentro de la habitación; así, psicológicamente mantendrás descanso y trabajo separados, aunque sé que esto puede ser complicado.

Es importante, a la hora de distribuir las habitaciones, escoger las que queramos que sean más silenciosas, como zonas de descanso o trabajo. Si tenéis un patio interior será más silencioso que hacia la calle, por lo tanto es un punto a favor. Recordad lo dicho unas páginas anteriores: lo ideal es un buen patio de manzana, porque si es grande tendréis mas silencio y podréis disfrutar de mucha luz.

El nexo de unión entre la zona de día y la de noche debe ser al baño: en la zona privada, pero cómodo para las visitas; que no tengan que recorrer la casa para encontrarlo.

A menos que la vivienda sea lo suficientemente grande para que exista un aseo de invitados y baños en la zona privada, en el mejor de los casos incluso la habitación principal puede ser tipo *suite*. Es un lujo tener tu propio baño en la habitación; eso solo se supera si además puedes tener un vestidor, pero cuidado si es el único baño. En algún apartamento pequeño puede ser así; puede resultar un poco raro para las visitas, en este caso una habitación recogida y en orden...

Llegamos a este punto, uno de los más delicados para vivir cómodos: el orden y el espacio necesario para poder guardar los trastos y no tan trastos. Se trata de algo imprescindible.

Creo que el orden es primordial para poder estar a gusto. No hace falta transformarlo en un TOC (aunque nunca esta de más ser un poquito obsesivos–compulsivos en el orden y la limpieza, puede que ese sea otro tema…), pero las casas ordenadas dan sensación de espaciosas y amplias, y esto da mucha paz de espíritu. Si la vivienda es pequeña y te tropiezas con todo al entrar te vas a poner nervioso.

Esto supongo que ya todos lo tenemos claro: habitaciones con grandes armarios empotrados y con parte alta para lo menos cotidiano. Importante no olvidarse de maletas, dotación playera, la sombrilla, patines, raquetas… Sí, parece increíble pero tenemos todas estas cosas y más, no lo olvidéis.

Con todos estos datos básicos, cuidado con un pasillo muy largo. Creo que todos hemos crecido viendo películas donde los pasillos son interminables, pero si el pasillo es suficientemente ancho, podemos ver ese pasillo de otra manera: colocar armarios o estanterías a lo largo, considerándolo como un espacio de almacenaje, no solo como zona de paso.

En resumen: nunca jamás sobran los armarios. Más adelante en trataremos el tema con más detalle.

Ya que hemos entrado en el apartado del almacenaje, recordemos que un trastero es una gran ventaja a tener en cuenta.

Y no podemos olvidarnos del *hall*, que es la carta de presentación de la casa. Hay que prestarle atención; siempre es buena la existencia de un armario o en su defecto un colgador donde dejar la ropa de abrigo en invierno al llegar a casa. Si el *hall* es grande un buen zapatero es muy útil, y podéis usarlo además como cómoda.

Hemos hecho ya un repaso general a la fisonomía de nuestra vivienda, iluminación–orientación. Recordad: dimensiones proporcionadas.

Vamos a empezar con unas nociones básicas y consejos acerca de los aspectos constructivos y técnicos de la vivienda, de manera que si la vivienda se está construyendo puedas preguntar y confirmar detalles, o que si vas a hacer una reforma tengas en cuenta diversos aspectos.

Vamos ya con los detalles constructivos.

Si vivís en la última planta del edificio debéis comprobar si vuestro forjado superior —es decir, el techo— está aislado: os solucionará muchos problemas de pérdida de calor y/o posibles condensaciones en el propio forjado si es un bajo cubierta. Si no es así, una mejora posible es colocar una manta de lana de roca. No es algo muy caro y ganaréis confort. Simplemente se debe dejar caer sobre la placa y listo. Es mejor llamar a un profesional, porque aunque es fácil es un material que hay que manipular con cuidado, ya que daña la piel. Tened cuidado con los aislamientos en general de lana de roca o fibra de vidrio. No os aconsejo que esta parte la hagáis vosotros; un profesional os librará de muchos quebraderos de cabeza y podrá aconsejaros con respecto a la densidad y el espesor. Cuanto más densa más aísla, pero no hace falta crear un microclima. Con una densidad media es suficiente.

Instalaciones interiores de una vivienda

Pues vamos allá: ese fabuloso mundo oculto entre nuestros muros, poco apreciado estéticamente pero que finalmente nos proporcionan las condiciones óptimas de confort que necesitamos en nuestra vivienda, para poder disfrutar de cierta comodidad en las estancias de nuestro palacete.

Lo vamos a dividir en cuatro bloques fundamentales:

— **Instalaciones eléctricas**: este es el grupo de las «chispas», en el cual incluimos cuadros eléctricos, cableados, iluminación y mecanismos.
— **Instalaciones de agua**: en él se incluye fundamentalmente la fontanería, es decir, llaves de corte, bajantes, desagües, sifones, etc.
— **Instalaciones de confort ambiental**: en este grupo agrupamos fundamentalmente todas las instalaciones que proporcionan condiciones de calor o frío para tener un confort ambiental adecuado, como por ejemplo calefacción, radiadores, suelo radiante, aire acondicionado, caldera, etc.
— **Instalaciones de comunicaciones**: en este grupo incluimos todo lo relacionado con las conexiones telefónicas, datos y televisión.

Cabría señalar algún tipo de instalación más, pero al ser minoritario no considero que sea importante a la hora de elegir una nueva vivienda.

Una vez definidos los puntos principales para la guía, pasamos a detallarlos más a fondo.

Instalaciones eléctricas

Llegamos a las instalaciones eléctricas, esa electricidad conducida gracias a científicos como Stephen Gray. Quizá sean las instalaciones más temidas por el peligro que las acompaña y se las asocia, pero si están bien hechas solo hay que tenerles respeto. Sin embargo, si no es vuestro fuerte, como hemos ya repetido anteriormente, debemos dejarlo en manos expertas.

Este tipo de instalaciones en su gran mayoría van empotradas y no pueden comprobarse como deberíamos, refiriéndome con ello a comprobar conexiones en cajas de registro, tubos de protección, tipo de cableado, etc. En el caso que veáis que la instalación es un poco antigua, pedid a un electricista que os mire un par de cajas y que os localice alguna caja de distribución, que os compruebe la potencia del ICP (interruptor de control de potencia) para poder saber hasta que potencia podéis contratar.

En principio y en una primera visita, vamos a centrarnos fundamentalmente en lo que se puede ver a simple vista y se puede manipular sin peligro, con la protección y precaución adecuada, como son los mecanismos, la iluminación y el cuadro de protección —también llamado cuadro eléctrico—, mencionando algunas nociones básicas sobre el contador.

En una vivienda existen varias partes principales, que resumiremos en tres: contador, cuadro eléctrico y puntos de suministro dentro de la vivienda.

El grado de electrificación determinará la potencia máxima que puede consumir la vivienda (recuerda, a efectos de diseño). Existen cuatro grados de electrificación:

— El grado mínimo (3000 W) permite usar aparatos de alumbrado, pequeños electrodomésticos, frigorífico y televisor.

— El grado medio (5000 W), además de lo permitido por el grado mínimo, tolera lavavajillas, lavadora y cocina.

— El grado elevado (8000 W), además de lo permitido por el grado medio, permite utilizar aparatos de calefacción y aire acondicionado, cocinas vitrocerámicas, etc.

— El grado especial no tiene un valor fijo de potencia.

Las instalaciones eléctricas son susceptibles al paso de los años, y esto puede repercutir en una subida del consumo, por algún tipo de problema.

¿Cómo comprobar si existe algún problema? Pues muy fácil; apagamos todo —electrodomésticos, aparatos electrónicos, luces, etc.—, acudimos al contador digital de energía y si sigue contando, significa que existe alguna fuga en la instalación y hay que repararlo.

La mayor parte de las viviendas suelen tener contratada una potencia entre 2.5 y 5 kw, aunque si tienes muchos electrodomésticos y aparato electrónicos, además de calefacción eléctrica o aire acondicionado, contrata una tarifa entre 7 y 9 kw.

Contador

Existen dos tipos de contador: el analógico —el de la ruletita de toda la vida que da vueltas para marcar el consumo— y el digital, con su pantalla llena de números extraños y sus lucecitas de colores.

Cada vez en menos hogares se encuentra el de tipo analógico, ya que las compañías eléctricas se están encargando de sustituirlos por los de tipo digital, para realizar una mejor tarea a la hora de computar el consumo, tipos de tarifas y similar. Si tienes este tipo de contador te recomendaría que llamaras a la empresa suministradora de electricidad, e informaras para que te realicen el cambio, ya que obtendrás mayor capacidad de ahorro o de elección de tarifa para el ahorro.

Pero si no quieres —o en lo que esperas el cambio— lo que tienes que comprobar es que tenga el precinto correctamente, para saber que no está modificado. Para comprobar que actúa correctamente, te recomiendo que realices una prueba que consiste en bajar y subir el ICP, y a la vez comprobar que cuando el interruptor del ICP esté arriba, la ruleta interna del contador esté dando vueltas, y si está abajo, está parada. De esta manera comprobarás si funciona correctamente.

Si ya dispones de contador digital, existen varios modelos para tarifa 2.0A (entre 0 y 10 kw, y que es la más común, como indiqué anteriormente, para viviendas de uso habitual), pero su funcionamiento es similar. Todos suelen disponer de una luz (roja o verde), que es la que actúa de antigua ruleta. Paso a explicarlo: si esa luz está apagada, eso indica que no hay consumo eléctrico en la vivienda; si parpadea de forma continua, existe un consumo normalizado y constante; si parpadea muy rápido, indica que existe un consumo alto para dicha instalación, y finalmente si esa luz esta fija, indica que se ha superado la potencia contratada y se ha bloqueado, cortando el suministro eléctrico a la vivienda. Actuando de ICP, como diríamos coloquialmente en mi tierra «ha saltado el chivato de luz».

Para reiniciar el contador, deberéis de mirar que todos los interruptores del cuadro eléctrico están arriba, y si no es así, subidlos. O pulsad el botón de reinicio del contador, que suele ser amarillo.

Para revisar este tipo de contador, actuaríamos de la misma manera que con el analógico: desconectando la electricidad desde el cuadro y comprobando si la luz del contador se apaga; al conectar todo, debería de parpadear la luz.

Cuadro eléctrico

El cuadro eléctrico o cuadro de protección es uno de los componentes principales de la instalación eléctrica, y se encarga de proteger la instalación de contactos directos, contactos indirectos y derivaciones. Por explicarlo de una manera sencilla, es un aparato en el que se agrupan y conectan todas las líneas de cables principales de la casa a unos equipos que protegen el estado de dichos cables, además de lo que esté conectado a dichos cables, ya sea iluminación o tomas de corriente. Al mismo tiempo, protege a cualquier ser humano de descargas eléctricas y similares.

¿De que está formado ese cuadro eléctrico? Sí, hablo de esa tapa de plástico que habitualmente tapamos con un cuadro y que no abrimos a no ser que «salten los plomos» de la casa. Paso a detallarlo, para que tengas una idea básica de ello.

- **El ICP** (interruptor de control de potencia) es el mecanismo por el cual la compañía suministradora controla la potencia que tienes contratada en la vivienda. Además, es el responsable principal de cortar la corriente de entrada a la casa en caso de una sobrecarga o un cortocircuito. El habitual suele ser el de 25A.

La normativa eléctrica se va adaptando a nuevas situaciones, de ahí que los cuadros eléctricos de las casas puedan quedarse desfasados, aunque sigan cumpliendo la normativa. En los cuadros eléctricos nuevos debe haber elementos que antes no eran imprescindibles, como el IGA (interruptor general automático) o el PCS (protector contra sobretensiones). En instalaciones nuevas hay que poner ICP e interruptores magnetotérmicos bipolares, que protegen tanto en el cable de fase como en el neutro. Se permiten los unipolares solo para reposición de defectuosos en instalaciones antiguas.

- **El IGA** (interruptor general automático) es otro mecanismo de cabecera del cuadro eléctrico de protección, que solo encontraréis en las instalaciones de viviendas de nueva creación, ya que anteriormente no se instalaba. Su función es proteger la instalación de sobrecargas y cortocircuitos, diferenciándose del ICP; esta protección actuará si la potencia de consumo es mayor de la que admite la instalación.

- **El PCS** (interruptor protector contra sobretensiones) protege cualquier aparato eléctrico conectado a la instalación de alguna subida de tensión. Este equipo también se incorporó más tarde y posiblemente solo lo encontraréis en instalaciones nuevas.

- **El ID** (interruptor diferencial) es un equipo fundamental a la hora de protegernos de todos los interruptores que estoy explicando. Este es el único que protege a las personas de descargas eléctricas provocadas por alguna derivación a tierra del sistema o de algún aparato conectado a él. Suelen ser de 25 A o 40 A. Este interruptor tiene la particularidad de tener un botón «test»; pulsándolo cada cierto tiempo comprobamos si el diferencial tiene un funcionamiento correcto.

- **Los PIAS** (pequeños interruptores automáticos) son los famosos magnetotérmicos que todos conocemos. Son los interruptores que protegen cada circuito individual de la instalación. Cada uno protege los circuitos de iluminación, enchufes comunes, enchufes de cocina, termo, etc.

Según el tamaño de la casa, las estancias y los puntos de consumo (número de puntos de luz, número de enchufes, etc.), el número de circuitos y PIAS que los protegen pueden variar en número, aunque conviene tener un mínimo, que paso a detallar:

- Alumbrado: 10 A
- Enchufes usos varios: 16 A
- Lavadora y termo: 20 A
- Vitrocerámica y horno: 25 A
- Aire acondicionado o calefacción eléctrica: 25 A

Tras la revisión y comprobación del cuadro eléctrico, hemos de revisar enchufes, cables e interruptores, ya que cualquier mecanismo defectuoso o averiado puede suponer un incremento monetario importante. Como consejo, habría que comprobar que todos los interruptores cortan y abren la corriente, que los enchufes no estén rotos ni despegados de la pared, y si es posible conectar algún aparato eléctrico para comprobar que funcionan correctamente.

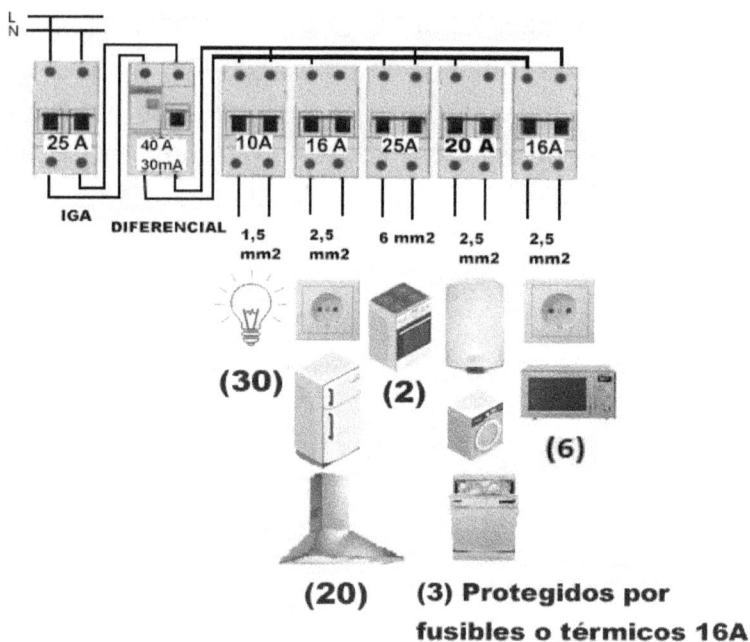

| IGA | DIFERENCIAL | 1,5 mm2 | 2,5 mm2 | 6 mm2 | 2,5 mm2 | 2,5 mm2 |

(30)   **(2)**

(6)

(20)   **(3) Protegidos por fusibles o térmicos 16A**

Toma de tierra

Es una instalación (cable bicolor verde-amarillo) paralela a la instalación eléctrica del edificio, que finaliza en un electrodo enterrado en el suelo. A este circuito se conectan todos los aparatos eléctricos de la vivienda. ¿Qué conseguimos con él? Pues que cualquier fuga de corriente que haya cargado el sistema lo derive a la tierra a través del electrodo anteriormente mencionado, evitando la electrocución de cualquier usuario del edificio o vivienda. Ya que hemos identificado los diferentes circuitos que deben existir en el cuadro, vamos a seguir con la instalación de los mecanismos: enchufes e interruptores.

Con respecto a los primeros, debemos ser generosos a la hora de colocar enchufes. Repasad los electrodomésticos de la cocina para que no os falte ninguno, tened en cuenta las secciones indicadas en la cuadro y el diferencial. Lo mejor es que los electrodomésticos tengan su propio circuito. Lo más normal es que tengáis todos los electrodomésticos en la cocina y el tendedero; si no es así, y la lavadora está en el baño, recordad que esté en el mismo circuito, con la protección adecuada y con toma de tierra.

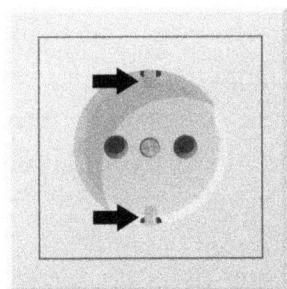

Lo mismo con los enchufes del baño: colocad uno por lo menos. Por normativa de seguridad tiene que estar al menos a 1 m de donde acaba la bañera o la ducha, y las lámparas deben tener un IP de IP44 (el IP es el grado de protección).

Con respecto a los mecanismos de encendido de las lámparas (que realmente se llaman luminarias), pensad en los conmutadores o encendidos de cruzamiento; son los que puedes encender en un lugar y apagar en el otro extremo —inicio y final del pasillo, por ejemplo—; recurrid a ellos también en otras estancias: en el salón, para poder encender y poder apagar cerca del sofá, cuando estéis cómodamente instalados, o en el dormitorio, para apagar la general desde las mesillas.

La iluminación

Y para terminar con las diferentes partes de la instalación eléctrica, la iluminación.

Hoy en día toda la iluminación es *led*, por lo que el consumo es muy inferior al de hace treinta años, y su vida útil es mucho más larga que la de las bombillas incandescentes de toda la vida. Antes una bombilla como mínimo consumía 60 W; hoy en día la equivalencia *led* consume 7 W de media.

Pero lo que creo que debe de ser más importante en cuanto a la iluminación es su temperatura de color.

La tº de color, es uno de los factores de la iluminación. Básicamente se diferencian dos tonos: luz cálida o luz fría.

La tº de color va desde los 2700º K a los 6000º K, siendo las más cálidas las de menor valor; es decir, es más amarilla la bombilla de 2700º K, y al contrario, la luz blanca es la de 6000º K.

Ante la duda, lo mejor es una luz de día, alrededor de los 4000º K. Pero vamos a analizar las diferentes estancias.

Una de las estancia que requiere atención a la hora de iluminarla es el baño. Estos deben iluminarse en tonos neutros o «luz de día» alrededor de los 4000° K. Personalmente, creo que es una luz muy cómoda, da un confort muy agradable que reproduce el color de una manera bastante real. Lo digo sobre todo por las mujeres: cuando nos maquillamos a veces nos llevamos algún disgusto por ir demasiado blancas o demasiado morenas.

Es importante también la distancia de la iluminación al espejo. Para evitar las sombras, la distancia correcta es a 20 cm de la pared, o sobre el espejo. Es importante también la luz general, para que no provoquemos sobre nosotros sombras en el espejo. Tened cuidado con la luz a vuestra espalda, y en este caso, chicos, también va por vosotros, por lo menos los que os afeitéis...

Lo ideal es un buena luz en el espejo y una luz general en el techo, aunque si el baño es pequeño y no muy alto con una buena iluminación en el espejo puede ser suficiente.

En el mismo tono creo que deberíamos de iluminar la cocina.

En el resto de las estancias la historia cambia mucho, y es muy personal.

Para el salón, la mayoría de vosotros escogeréis una iluminación cálida. Siendo así, mi propuesta es una temperatura de 3000° K, porque siendo cálida no es muy amarilla.

Pero en las zonas de estudio de los niños, de trabajo —como el despacho—, la temperatura debe ser luz de día: los ojos descansan más y la sensación anímica es mejor porque nos recuerda al sol. Hoy en día la gama para escoger grados de temperatura de color es muy amplia en iluminación *led*.

El otro punto importante son los lúmenes o la luz que «da» la bombilla. Tampoco nos lo van a poner fácil; si en temperatura de color la variedad es amplia en el flujo, los lúmenes creo que todavía mas: desde los 400 hasta los 1800. Cuidado con esto: ¡no queremos deslumbrarnos! Dependerá de la cantidad de lámparas que haya en la estancia y de cómo estén colocadas.

Creo que el mejor consejo es que compréis dos o tres diferentes y vayáis probando en la casa; como os he repetido, esto no es un *sprint*, sino una carrera de fondo.

En cuanto a las luminarias (las lámparas en realidad son la bombillas), dejad volar vuestra imaginación.

Sobre la mesa del comedor una lámpara colgante ayuda a acotar el espacio, a hacerlo más acogedor, sobre todo si los techos son altos.

También podéis iluminar con lámparas sobre las estanterías o con varias lámparas colgantes en una esquina, lámparas de pie, e incluso colocando molduras de escayolas, que existen en cualquier tienda de decoración. Podéis utilizar tiras *led*.

Con respecto a estas últimas, el punto importante es que tengan un buen difusor para que no se vean los puntos *led* que las forman. Tened cuidado con esto, porque puede desmejorar el resultado final si lo que se ve es la luz fragmentada en puntitos.

Si no queréis complicaros, la instalación las lámparas de pie es una opción muy buena. Si se orientan hacia el techo darán una luz indirecta muy agradable; también podéis jugar con ellas para crear puntos de interés, usándolas como focos hacia cuadros, la zona de lectura, etc.

En las mesillas también se pueden poner lámparas de techo o suspendidas. Hay más opciones que las lámparas de sobremesa de siempre, incluso apliques de pared, consiguiendo así dejar la superficie de la mesilla libre y la habitación más despejada visualmente.

La iluminación es un punto muy importante: puede mejorar mucho el aspecto de una estancia, así que tomáoslo con calma, buscad diferentes opciones y visitad diferentes tiendas. No os asustéis: las tiendas de lámparas de diseño suelen ser muy caras, pero para eso están las rebajas y los *outlet*, o el ingenio: un gran jarrón trasparente con una guirnalda o una bombilla en forma de bola puede ser una maravillosa lámpara. Además de imprimirle vuestro propio carácter, podéis personalizar el jarrón, pintándolo o poniéndole algún detalle que os guste.

Instalaciones de gas

Este tipo de instalaciones están dedicadas fundamentalmente a suministrar combustible a las calderas y cocinas para producción de calor, que se podrá usar para diferentes usos.

El gas que se utiliza en las viviendas puede llegar de dos formas: mediante bombonas (gases licuados derivados del petróleo, tipo propano o butano) y canalizado (gas natural o gas ciudad) a través de conductos.

— **Instalación con bombona**: consiste en un sistema básico. La bombona se conecta al circuito de gas mediante una válvula. Un circuito distribuye el gas a la cocina y a la caldera de agua caliente.

— **Instalación canalizada**: el sistema entra por una tubería principal a la vivienda, pasando por el contador de consumo y después se distribuirá de la misma manera que en el circuito con bombona.

¿Qué aspectos tenemos que revisar en este tipo de instalaciones?

— Deberíamos de informarnos de cuándo han realizado las revisiones de la instalación —que debe de ser cada cinco años— y de la caldera —que debe de ser cada dos años o un año, si es de gas natural o gas butano, respectivamente—.

— Tras esto convendría realizar las siguientes comprobaciones:

1. Revisar estado de conductos de goma y cobre; en el caso de los primeros habría que comprobar su fecha de caducidad, que estará impresa en dicho tubo.

2. Comprobar que la llama de la caldera es de color azulado, constante y sin irregularidades. De lo contrario, estará indicando que no realiza bien la combustión, y será necesario revisarlo o incluso cambiar la caldera.

3. Funcionamiento de las válvulas y llaves de corte.

4. Estado del contador y su ubicación.

5. Salidas de humos de la caldera, que debe de ser directamente al exterior de la vivienda.

6. Rejillas de ventilación. Recordad que cualquier habitáculo con un equipo que utilice gas ha de tener dichas rejillas para ventilar en caso de fuga.

Con esta instalación se consigue agua caliente, que vamos a diferenciar en dos: ACS —agua caliente sanitaria para uso propio como tal: baños y cocinas—, y el agua caliente para la calefacción, de la que hablaremos más adelante.

Además, la instalación de gas puede suministrar el gas a la cocina, si bien hoy en día casi todas las cocinas son vitrocerámicas o de inducción.

La instalación de calefacción se encuentra dentro del grupo de instalaciones de acondicionamiento ambiental.

Acondicionamiento ambiental

Las instalaciones de acondicionamiento ambiental son las que van a conseguir que tengamos las condiciones ambientales de temperatura y humedad óptima, para una estancia confortable en nuestra casa.

Podemos dividirla en tres grandes grupos: calefacción o generación de calor, climatización y renovación de aire.

Calefacción

Llamamos calefacción a un conjunto de elementos que ayudan a generar calor mediante diferentes elementos, y así proporcionar una temperatura más o menos uniforme, que proporcione un confort ambiental a las personas que por fin podemos disfrutar de nuestra vivienda en una fría tarde de sábado, tumbados en el sofá viendo una serie o pasando la tarde con amigos.

Lo primero que tenemos que saber es el sistema de calefacción que tiene nuestra casa.

Si es autónomo o propio, es decir individualizado, o por el contrario central del edificio.

Si es central solo tendremos que preocuparnos por ponernos una camiseta de manga corta y beber mojitos. Esta es la situación más habitual en estos casos, ya que todo depende de la comunidad de propietarios del edificio, y pagarás en el recibo de la comunidad la parte proporcional de combustible, mantenimiento, etc.

Siendo una instalación central, las hay de varios tipos: de pellets (muy ecológicas), de gas (muy eficientes) o las de gasoil de toda la vida.

Si se trata de un sistema autónomo, deberemos de saber si es eléctrica o de gas.

Calefacción eléctrica

Es un tipo de calefacción que no se usa muy a menudo, ya que el consumo eléctrico que supone es alto. Podemos encontrar este tipo de calefacción en aplicaciones de aire acondicionado con bomba de calor, suelo radiante eléctrico, radiadores de aceite o algún sistema con acumuladores de calor.

Si la vivienda tiene estos sistemas, lo que debemos de comprobar es el buen estado de cableado y conexiones eléctricas, el buen funcionamiento de termostatos asociados, la clasificación energética, comprobar que funcionan... Para que no tengamos problema con la potencia contratada, suelen tener unas pegatinas metálicas en las que se refleja la potencia que consumen, que suele ser bastante más de lo habitual, dependiendo del tipo y unidades instaladas.

Si va a ser tu vivienda habitual, te recomendaría no optar por este tipo de energía para calentar tu hogar.

En el caso de los radiadores eléctricos hay que tener cuidado: la factura de la luz subirá rápidamente. No es el mejor sistema por el coste económico, pero si no tenéis mas remedio que usarlo, revisad la tarifa contratada e intentad que sean acumuladores, para poder consumir energía en las horas donde el precio del kilovatio sea más bajo, tarifas de tres precios diferentes: llano, punta y valle.

Calefacción de gas

se trata de un tipo de calefacción bastante usual en viviendas nuevas y antiguas. Se basa en la producción de agua caliente, gracias al calor producido por la combustión del gas.

Partes:

— Generador de calor o caldera: elemento que produce el calor que sirve para calentar el agua.
— Distribución o tuberías: circuito cerrado por el que circula el agua hasta los emisores de calor; suele ser de cobre o polietileno reticulado.
— Termostato: control del sistema, a partir de la temperatura de consigna.
— Válvula.
— Emisores: elemento en el que se produce el intercambio de calor entre el agua caliente y el ambiente.

Esta agua viaja a través de un circuito cerrado de tuberías por toda la vivienda, finalizando en un emisor de calor, tipo radiador o similar. ¿Que cómo funciona el radiador? Pues paso a explicarlo. Básicamente el sistema de radiadores se basa en el intercambio de calor entre medios. El agua caliente pasa a distribuirse por todos los elementos o partes expuestas al ambiente del radiador. Dicha agua traspasa su calor al aire que atraviesa el radiador, calentando así el ambiente, y el agua que ha perdido el calor y ha bajado su temperatura vuelve por el circuito de tuberías hasta la caldera, para ser calentado otra vez y comenzar el ciclo.

La temperatura que alcanzan las estancias de la vivienda están controladas por un termostato, que mediante un sensor controla la temperatura de consigna elegida, y así maneja el funcionamiento de la caldera. Explicándolo fácilmente, si la temperatura baja de la temperatura elegida por el usuario, manda señal de encendido a la caldera, y si tenemos la temperatura de confort elegida, manda una señal de paro a la caldera.

En este caso es importante, si únicamente hay un termostato, dónde se coloca. Si se coloca en la habitación más cálida de la casa, la orientada al sur, hay menos pérdidas y se consigue alcanzar antes la temperatura de consigna.

Otra manera de controlar la temperatura de los radiadores es instalando válvulas termostáticas en los radiadores.

Las válvulas termostáticas se componen de dos partes: la válvula termostatizable, que une las tuberías con el radiador, y el cabezal termostático, que en función de la temperatura abre, cierra o regula el caudal de agua para alcanzar la temperatura de confort deseada. Esto permite regular cada radiador en cada estancia, aumenta la eficiencia de la instalación y por lo tanto mejora los costes.

Otro punto importante dentro de una instalación de radiadores son los purgadores. Estos sirven para «extraer» las burbujas de aire de los mismos.

¿Cómo saber si un radiador tiene aire? Lo primero es que suelen hacer ruido, como si el agua goteasé dentro de ellos —en el llenado se ha quedado una burbuja—, y también se nota que no todos los elementos calientan uniformemente.

Cómo purgar un radiador

Debemos hacerlo antes de empezar a usar la instalación, empezando siempre por el más próximo a la caldera.

Pon la calefacción y deja que transcurran unos quince minutos hasta que los radiadores se calienten. A continuación, abre el purgador de cada radiador. Hazlo con un destornillador de punta plana o una moneda. Siempre se abre hacia la izquierda. Prepara un recipiente para recoger el agua, que empezará a salir primero a borbotones; cuando ya solo salga agua, comienza a cerrar el purgador.

Como todo en esta vida va mejorado, ya hay radiadores con purgadores automáticos que se purgan solos. Acordaos de pedirlo si cambáis los radiadores.

Se deben purgar los radiadores con la caldera funcionando, para que la bomba mueva el agua del circuito y ayude a sacar el aire. Pero no conviene hacerlo cuando el agua esté muy caliente o con demasiada presión en el circuito, para evitar quemaduras, pues el agua puede estar a una temperatura muy alta. ¡Cuidado!

Lo repetiré una vez más: cuidado con las chapuzas hogareñas. Si no estamos seguros podemos llamar a un manitas. Casi siempre alguien conoce a alguien, algún amigo, al que compensaréis con una cena, cañas o un regalito. Él nos ayudará la primera vez, e incluso una segunda, hasta que estemos seguros.

Por favor, tened cuidado: poneos protecciones, mascarillas cuando pintéis, gafas si vais a cortar algo que pueda desprender trozos, bajad los diferenciales cuando manipuléis cables eléctricos, etc.

Después de este consejo —bueno, realmente la lección más importante de todo el libro—, seguimos con las instalaciones...

Lo más importante a la hora de revisar un radiador es comprobar que los elementos están en buen estado, es decir, que no tiene puntos de óxido en las uniones de los elementos, que es donde por corrosión y calcificación aparecen las posibles fugas.

Un detalle más sobre los radiadores: si en la vivienda existen radiadores de hierro no deteriorados, mi consejo es que los recuperes. Límpialos y píntalos con pintura plateada especial para radiadores, pues por el calor la pintura normal se deteriora y puede oler raro. Le darás a tu vivienda ese toque *vintage* que tan de moda está, pero además es que los radiadores de hierro funciona realmente bien. Tardan un poco más en calentar, pero aguantan más tiempo el calor.

Fijaos si creo que son los mejores radiadores, que en alguna obra he pedido que me reparen alguno que tenía alguna pequeña fuga, antes de cambiarlo.

Hoy en día los podéis encontrar nuevos de hierro, eso sí, bastante más caros que los de aluminio.

Se me ha olvidado una cosas: los radiadores siempre deben ir colocados debajo de las ventanas, para que el intercambio de aire frío y aire caliente ayude a calentar antes la estancia. Entra el aire frío, que se calienta y sube. Hay radiadores bajitos para las ventanas más bajas, y muy planos si el fondo es escaso.

Si estamos hablando de un vivienda antigua de piedra, por ejemplo, y queréis realizar una instalación de calefacción nueva, el trazado de las tuberías podéis hacerlo visto, es decir, sobre el muro. Hay tubos especiales para ello, por ejemplo de cobre. Es importante el mantenimiento; este debe ser algo más constante, por lo menos en cuanto a revisiones visuales, por si vemos algo deteriorado, cambiarlo. En otros casos podéis hacerlo usando los rodapiés: los hay huecos para esto, para poder colocar las instalaciones superficiales y después cubrirlas.

Seguimos con la calefacción en los baños: los toalleros–radiador son muy buenos, pero recordad que deben tener la superficie necesaria para calefactar el baño, no solo las toallas. Es decir, como suelen tener piezas más finas que un radiador convencional, disipan menos calor. Un truco es colocar el toallero cerca del radiador: funciona de lujo.

Calefacción por suelo radiante

Puede considerarse una variante de la calefacción de la anterior, ya que se utiliza un sistema de tuberías por las que circula agua caliente, dispuestas por el suelo o la pared; es decir, es un gran radiador en el interior del suelo o el tabique. Este sistema es muy eficiente, porque como el calor se transmite a través del intercambio del calor del paramento, este lo guarda mucho tiempo. El calor que aportan se transmite al ambiente, y este sube, calentando la estancia. Con este sistema se cubren superficies más amplias.

Se trata de una inversión a futuro. En caso de reforma completa, y dependiendo del lugar de residencia, es algo que se debe estudiar y pensar; puede parecer un gasto un poco más elevado, pero a la larga es una gran inversión en cuanto a eficiencia y consumo. El agua necesita menos temperatura que en el sistema de radiadores: 50° C para el suelo frente a 75° C para el circuito de radiadores.

Voy a comentaros algo: algunos edificios antiguos tienen un sistema de calefacción central que no se reparte en horizontal, sino en vertical. Es decir, une los radiadores de la misma vertical. Esto significa que las tuberías de agua caliente discurren por la pared. Si es así, espero que os guste el calor, porque acabáis de llegar al trópico. Os lo digo por experiencia: en ese caso no guardéis las camisetas de palmeras y podréis hacer fiestas hawaianas en pleno enero. Los tabiques radiantes os permitirán incluso cerrar los radiadores.

Calefacción por placas solares

Mediante este sistema de calefacción se calienta el agua mediante placas solares. Esta agua se almacena caliente en un acumulador, del que posteriormente saldrá al circuito para calentar los emisores.

En todos estos sistemas hay que revisar lo siguiente:

— Encendido y apagado de calderas.
— Comprobar que las válvulas de los emisores funcionan correctamente y abren y cierran el elemento.

A continuación os indicamos un par de esquemas muy básicos de cómo es una instalación general en el edificio y cómo es desde una caldera individual.

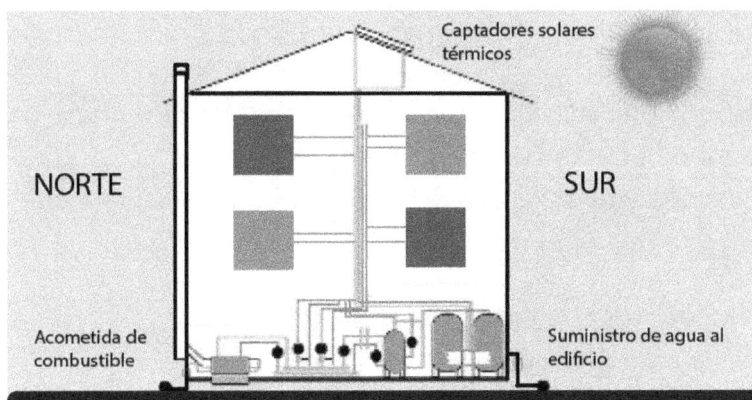

Captadores solares térmicos

NORTE

SUR

Acometida de combustible

Suministro de agua al edificio

Esquema de circuito de calefacción

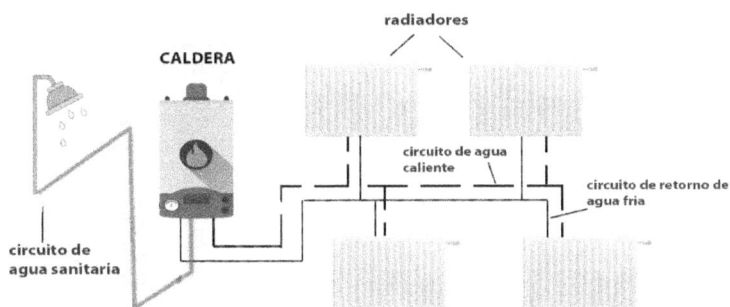

radiadores

CALDERA

circuito de agua caliente

circuito de retorno de agua fría

circuito de agua sanitaria

Climatización

En esta instalación se trata de garantizar el confort de temperatura ambiente dentro de la vivienda. Engloba la calefacción que hemos desarrollado en el capítulo anterior, y lo que se entiende como aire acondicionado.

Vamos con esta parte, el aire acondicionado.

Hoy en día las instalaciones de este tipo son las llamadas bombas de calor, que sirven para dar los dos tipos de climatización: aire caliente y aire frío.

Para una vivienda, mi opinión es que para aire frío funciona genial, pero que para el aire caliente no funciona tan bien. No porque el aire no salga caliente, sino porque como el aire caliente sube, con este sistema, si está colocado en techo, tarda mucho en bajar. Conclusión: la cabeza caliente pero los pies helados. Nunca se alcanza el confort. Para mí es mejor la calefacción convencional. Os lo comento para que tengáis cuidado si el sistema que tiene la casa es para el calor y el frío.

Para los calores veraniegos —eso es otra cosa— es la mejor solución de aporte de frío a nivel doméstico, sin dudarlo.

Si la vivienda está en construcción y se os va del presupuesto inicial, dejad la preinstalación hecha, porque en un futuro os facilitará mucho la ejecución.

Detalles importantes

Dónde colocar la maquina exterior: si tenéis una terraza y vais a colocarla en ella, en verano la máquina exterior produce calor, así que cuidado hacia dónde colocáis el ventilador. No lo orientéis hacia la zona que donde soléis situar las mesas o sillas.

Además esta máquina exterior condensa, por lo que produce agua. Hay que colocarle un desagüe, si no los vecinos o vosotros mismos os odiaréis por el goteo. Si no tenéis un desagüe cerca de la máquina, colocadle un pequeño depósito: simplemente tendréis que acordaros de vaciarlo.

Otra opción —pero la elección dependerá de lo calurosos que seáis—, es colocar un ventilador. Funciona muy bien, refresca el ambiente, es mucho más económico y más natural. Reseca mucho menos el ambiente y no molesta si lo dejas conectado por la noche. Han mejorado mucho en diseño y estética, y la mayoría tiene luminaria incorporada.

Esta opción es mucho más asequible. Se instala como una luminaria de techo aunque, eso sí, pesa un poco más, y como la seguridad ante todo, tacos y anclajes buenos y aseguraos que están bien colocados.

Saneamiento y fontanería

Por muy raro o extraño que suene el nombre, son instalaciones de las que todos hemos oído hablar, y quizás de las que pueden causar más problemas, o por lo menos los más engorrosos. Tened cuidado: si la casa que vamos a comprar no es de nueva construcción, es un punto delicado.

Voy a comenzar por explicar el sistema de manera general.

Bajantes son las tuberías que recorren el edificio de arriba abajo, y que recogen las aguas de lluvia, pluviales y aguas sucias —fecales— que se generan en el inmueble.

Las aguas sucias corresponden a los desagües de baños, cocina y electrodomésticos, y las aguas limpias son las que se recogen de la lluvia.

Si la vivienda es nueva, no deberíamos tener mayor problema con ellas, ya que deberían de haberse utilizado tuberías de última generación.

La instalación de saneamiento y la de fontanería son las más difíciles de revisar, a menos que se haga una reforma o se visite la vivienda durante la construcción, pues están ocultas. Tened en cuenta que si veis alguna mancha de humedad en algún sitio, por leve que os parezca, puede ser síntoma de algún problema anterior.

En este caso podéis dejar constancia ante el vendedor o arrendador del tema, y en caso necesario que él se haga cargo.

La instalación de saneamiento puede ser de varios materiales: PVC, plomo, o fibrocemento; estas dos últimas son antiguas ya. Hoy en día se hacen de PVC; incluso existe PVC reforzado, que mejora mucho acústicamente.

Las tuberías de fibrocemento o plomo darán problemas antes o después. Las primeras deben tratarse con cuidado; deben retirarse con las debidas medidas de seguridad de los trabajadores y los debidos permisos, ya que este material contiene amianto. Por lo tanto, también es muy importante la gestión de estos residuos. Conclusión: si os las encontráis debe de realizar el trabajo una empresa especializada.

Las de plomo hoy en día no se utilizan, pero se retiran sin mayor problema que el de ponernos de acuerdo con los vecinos.

Si vais a hacer reforma en la casa y os las encontráis, las de plomo cambiadlas siempre, pues a la larga os pueden dar problemas; deberían de estar en muy buenas condiciones, y no creo que sea el caso.

Si la instalación es de fibrocemento, si veis alguna fisura o puntos que se han reparado, cambiadlas.

Aunque pueda parecer un poco gracioso, en caso de cambio de bajante, vigilad. Repito, puede sonar a broma, pero comprobad que el encuentro se hace bien. El empalme debe hacerse de la siguiente manera: la tubería de arriba se mete en la tubería de la parte inferior. Sí, lo sé, es lógico, pero me he encontrado ya por lo menos cinco empalmes mal hechos, es mejor quedar como un pesado que tener humedades en casa.

En viviendas unifamiliares o si tu piso es el último, debes controlar el mantenimiento de los canalones. Si no se limpian regularmente, al atascarse producirán humedades, ya que el agua siempre va buscar un lugar por donde salir, y cualquier encuentro un poco debilitado será el punto de filtración.

También debes vigilar los sumideros, en caso de tener una terraza. Primero hay que revisar que están bien sellados; el mantenimiento consistirá en limpiarlos adecuadamente por lo mismo que lo anterior, y por supuesto comprobad que tragan bien.

Vamos ahora a ocuparnos de la instalación del interior en la cocina, el fregadero y el lavavajillas.

Cuando limpiéis la cocina os recomiendo usar una vez a la semana un buen desatascador. Dedicadle un segundo al desagüe, no esperéis a que no trague: el chupón de toda la vida o un chorro de lejía y dejad que baje; después abrid el grifo del agua caliente, o mejor y más natural: vinagre con bicarbonato; seamos un poco solidarios con el medio ambiente.

En el baño debemos localizar el bote sifónico; suele ser una tapa metálica circular redonda, aunque a veces esta disimulado con algún azulejo a modo de tapa. Se ubica en el suelo y es el punto común donde van a parar los desagües de la ducha, el lavabo y el bidet —si lo hubiera— de cada baño. Tenemos que comprobar que está bien. Debes armarte de valor y abrirlo para comprobar que no hay atranques dentro. No es agradable: tiene una llave que, al girarla, sale una goma que sella el espacio y aísla el baño de olores no muy agradables. Es importante volverla a colocar como es debido.

Lo mismo que en el caso anterior, una vez a la semana dedicadle un segundo al desagüe de la bañera u ducha. Es el lugar mas propicio para que se forme un tapón.

DETALLES DIÁMETROS SANEAMIENTO

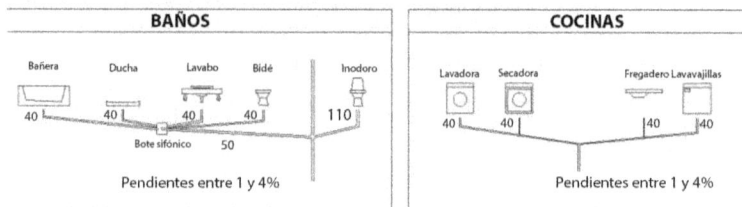

BAÑOS					COCINAS			
Bañera	Ducha	Lavabo	Bidé	Inodoro	Lavadora	Secadora	Fregadero	Lavavajillas
40	40	40	40	110	40	40	40	40
	Bote sifónico	50						
Pendientes entre 1 y 4%					Pendientes entre 1 y 4%			

Los diámetros están expresados en mm.
La instalación se realizara en tubo de polipropileno insonorizado colgado en forjado

Os indico aquí diámetros y pendientes. Este punto, en caso de reforma, que os lo dejen bien resuelto.

Una vez esbozada la instalación de saneamiento, vamos a explicar en dos nociones las tuberías de suministro de agua o fontanería general.

Actualmente las instalaciones se realizan en multicapa o cobre; si son nuevas no deben dar ningún problema.

En instalaciones antiguas ya es otro tema; es cierto que esta instalación, como ya os hemos adelantado, no admite mucha revisión ni mejora, ya que va en el interior de los tabiques.

En las viviendas de nueva construcción los trazados de la instalación general del edificio se pueden realizar en polipropileno termosellado; funcionan muy bien y es un buen punto a tener en cuenta.

Las interiores pueden realizarse en multicapa o cobre; estas últimas se pueden dejar vistas en reformas. ¡Cuidado con la que lleva el agua caliente!

Pero lo primero, sea vivienda de alquiler o en propiedad, es encontrar la llave de corte general y el contador.

La llave de corte es imprescindible para abrir o cerrar el suministro de agua a la vivienda, y en caso de fuga será nuestra salvadora hasta que llegue el fontanero.

Lo ideal es que exista una llave de corte por cada cuarto húmedo, aseo, baño y cocina. Si estáis haciendo reforma, aprovechad para dejarlo preparado, porque en caso de avería no hará falta que cortéis todas la casa. El agua es un lujo del que no somos conscientes.

En este caso, si vais a hacer reforma —ya que estamos— y levantamos los alicatados, podremos ver en qué estado se encuentran las tuberías y si es momento de cambiarlas. A la larga es una buena inversión: una instalación de fontanería nueva se amortiza con creces.

En ese caso la nueva instalación —siempre que sea posible— deberíamos realizarla por falso techo. Merece la pena bajar un poco la altura del baño; con bajarla 10 o 15 cm nos cabrán las tuberías. En caso de fuga levantar pavimento es bastante más complicado y costoso que tocar un falso techo de escayola o placas de cartón-yeso.

En una vivienda no es necesario aislar la tubería de agua caliente, ya que la pérdida de carga térmica no es significativa, aunque en instalaciones colectivas sí es recomendable, por lo menos la parte general.

Las griferías mono-mando son las soluciones más habituales, pero si podéis os recomiendo ir un paso más allá; en la ducha colocad una grifería termostática. Es muy buena para los niños: se marca la temperatura y listo, y realmente para los no tan niños, por las mañanas es una maravilla. Repito: esta instalación se amortiza en el tiempo. Si está correcto te olvidas de ella; es un gasto muy útil, y aquí merece dejarlo todo lo más completo posible, porque no lo vais a volver a tocar a menos que tengáis una avería.

En caso de ser una vivienda donde no podéis hacer reforma, una buena revisión es lo único que podéis hacer, pero en este caso tomároslo en serio.

Tras estos dos puntos fundamentales —llave de corte y contador— tendremos que revisar las llaves de corte de los latiguillos que tienen los sanitarios detrás, y comprobar que cierran y abren bien.

También tenemos que probar todos los grifos para comprobar que sale agua, que no gotean al cerrar y que los desagües cuelan bien. Ya de paso podemos aprovechar y comprobar si sale agua caliente y fría como debería.

Aprovechando la apertura de grifos, conviene abrir varios o todos a la vez, y observar si pierde presión a medida que los vamos abriendo. Si es así, habrá que informar que se revise la bomba de agua del depósito, en caso de ser vivienda unifamiliar; si esto ocurre en un edificio, consultad con la comunidad si hay alguna avería, restricción o se ha instalado alguna válvula para corregir la presión.

Una vez comprobados baños y aseos, pasamos a la cocina. En esta estancia, comprobaremos desagües de lavavajillas y lavadora. Latiguillos de aporte de agua de los electrodomésticos y sus llaves de corte.

Un apartado peculiar de la cocina o del tendedero, que suele estar contiguo, es la posible comprobación de entrada de agua a la caldera, que es donde suele estar esta última. En caso de existir termo eléctrico, deberemos de revisar llaves de corte y latiguillos como siempre, observando que nada gotee, las posibles corrosiones, alguna mancha de óxido en las partes de metal, que a futuro pueden derivar en problemas más serios.

Es más: si la casa es de segunda mano o de alquiler, hacedlo en las visitas, y como os he dicho antes, hacedlo saber al vendedor o arrendador para que conste.

Todo lo que os hemos explicado en la apartado anterior es importante, y lo he vivido en primera persona hace algunos años: no comprobamos cómo funcionaba el desagüe de la lavadora, y a la semana de instalarnos no teníamos baño ni lavadora, por no comentar la piscina cubierta en la que se convirtió el baño de la vecina de abajo.

Por último —y ya seremos los perfectos tiquismiquis, odiados por todos los caseros—, comprobad que bañera y ducha están bien selladas. Es un punto por el cual pueden aparecer filtraciones en los tabiques: nunca está de mas repasar con un cordoncito de silicona.

Si tenéis que repasar alguna junta con silicona, comprobad que es para baños. Pedidla en la tienda donde la compréis, y así evitaremos que se nos ponga negra con el tiempo.

Consejo personal: mejor haced las juntas con perfiles de aluminio. Pueden ofreceros unos que hay especiales de plástico, que se doblan en ángulo, pero son más difíciles de instalar; pueden quedaros huecos en algún punto, y eso se convertirá en una acumulación de humedad. De esta forma queda resuelto de una manera muy limpia. Los perfiles de aluminio también se sellan con silicona, no es nada complicado.

Las juntas de silicona deben revisarse a lo largo de los años.

Instalaciones de telecomunicaciones

Vamos a dividir las instalaciones de telecomunicaciones en dos: por un lado las instalaciones de televisión, y por el otro las instalaciones de telefonía y conexión a internet.

Instalaciones de televisión

Las instalaciones de televisión son el conjunto de elementos que permiten recibir imágenes a través de una pantalla.

Constan de las siguientes partes:

— Antena o antenas receptoras
— Amplificadores y filtros
— Derivación individual
— Circuito interior y tomas de pared

Antenas

Son dispositivos que tienen por tarea la de recibir señales de carácter electromagnético y mediante otro equipo, transformarlas en señales eléctricas.

Tipos:

— Antenas analógicas: televisión TDT convencional
— Antenas parabólicas: televisión por satélite

Amplificadores y filtros

Equipos encargados de mejorar la señal para que llegue en perfectas condiciones a nuestra vivienda.

Derivación individual

La derivación individual es el cable que transcurre desde la central que recibe la señal de televisión o radio hasta cada vivienda individual.

Circuito interior y tomas de pared

La derivación individual se distribuye a las distintas habitaciones de la vivienda por medio de derivadores, acabando en las tomas de pared en las que conectaremos los televisores. Esta instalación interior se realizará mediante cable coaxial, que es un cable especial, apantallado con una malla de cobre o aluminio, para así evitar interferencias.

Esta instalación no es muy complicada; revisadla y comprobad que funciona bien. Si es así no suele dar mucho lío; en caso de algún problema generalmente se ocupará de ello la comunidad, ya que lo más probable es que sea algo de carácter general. Si es vuestra derivación, será que en algún punto de la tirada se ha desconectado, pero esta instalación —repito— no suele dar problemas, y hoy en día está incluida en todas las viviendas.

Instalaciones de telefonía y datos

En este apartado, como el título indica, vamos a explicaros las partes básicas de las instalaciones de telefonía y datos en una vivienda.

Normalmente la telefonía y los datos en una vivienda están asociados, ya que ambos suelen ser por medio del mismo distribuidor.

La telefonía básica viene generalmente por una línea de la compañía suministradora u operadora telefónica hasta un PTR (punto de terminación de red), una pequeña caja que será el punto de entrada de la instalación telefónica a la vivienda y en el que normalmente se apunta el número de teléfono asociado o el número de punto de suministro. Ya que este equipo actúa de frontera entre la propiedad de la vivienda y la de la distribuidora, se utiliza para localizar posibles averías e identificar donde se encuentra.

La instalación interior de telefonía en la vivienda transcurre muy similar a la eléctrica, a través de un cableado interior hasta las «clavijas» existentes en cada estancia, y en el que conectaremos mediante un cable y una clavija RJ11.

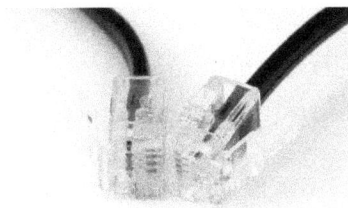

La instalación de datos o internet podemos diferenciarla en varios tipos de conexión, dependiendo del medio de transmisión elegido.

El ADSL (*Asymmetric Digital Subscriber Line*) aprovecha la instalación tradicional RTB y tiene características de la antigua RDSI, otro sistema de red ya obsoleto en estos días. Con este sistema podemos separar voz y datos y conseguir una mayor velocidad de conexión.

Tanto con ADSL como con cable, para la conexión a internet se necesita un enrutador (*router*) que nos conecte a internet. Actualmente se dispone además de la posibilidad de conexión inalámbrica mediante la tecnología WIFI.

La **instalación por cable** utiliza un cable de fibra óptica, normalmente por el mismo conducto por donde pasa el cable de cobre o ADSL.

Os preguntaréis cuál es la diferencia fundamental respecto al ADSL. La respuesta es que utiliza señales ópticas en vez de eléctricas, afectándole menos las interferencias electromagnéticas y aportando mayor velocidad de transmisión. Consecuencia: internet más rápido.

Otros tipos de redes minoritarias son: satélite, inalámbrica, LMDS, PLC, WIMAX, etc.

Cabe mencionar que todas instalaciones, y sobre todo las viviendas nuevas, parten de un registro de terminación de red (RTR) que ha de estar en el interior de la vivienda.

Habitualmente está en el *hall* de entrada o similar, y en su interior se colocan los puntos de acceso de usuario.

Es importante también el armario de telecomunicaciones del edificio o RITI. Es donde entra la acometida general al edificio, y desde donde parte la instalación de vuestra vivienda.

Tras esta explicación bastante básica de las redes de conexión de una vivienda, paso a enumerar posibles comprobaciones:

— Preguntad por la ubicación del PTR o entrada de fibra.
— Comprobar el estado y la ubicación de la caja de RITI.
— Comprobad el estado de instalación, conectando a varios conectores un teléfono y comprobando si hay línea.
— Comprobad que las cajas estén bien fijadas a la pared.

Al final vais a instalar con algún operador un paquete de teléfono, internet y televisión de pago, pero es bueno saber qué puntos van a tocar los instaladores, para evitar problemas conexiones cruzadas, etc.

Si acometéis una reforma es importante tener en cuenta el punto del PTR donde entra la conexión, para que desde ahí podáis llevar el cable a los diferentes lugares de la casa. Si lo estudiáis de antemano, podéis dejar los macarrones previstos (el tubo vacío) y os evitaréis los cables grapados por los rodapiés, esquinas o canaletas. A estas alturas ya os habréis dado cuenta de que no me gustan nada.

Es importante un detalle: hay rodapiés huecos —os lo he comentado en el apartado de calefacción— para poder pasar cableado por ellos y que quede oculto. Si optáis por esta solución estaréis ejecutando una instalación casi registrable. Se puede levantar el rodapié en caso de avería o de modificar el trazado.

Y por fin, hemos acabado la parte más técnica de esta guía. Espero no haber sido muy técnica ni aburrida, pero es la parte quizá más importante para poder estar tranquilos en un futuro.

Acabados

Y por fin llegamos a lo más divertido: el aspecto final de la vivienda. Voy a poneros un símil: hemos ido al médico de cabecera, nos ha hecho una analítica y un chequeo completos, los resultados son buenos y ahora nos vamos a la peluquería y de compras. Nos vamos a poner guapos.

El tema de acabados es infinito, porque entran en juego aspectos muy subjetivos: el gusto, la moda y tendencias, etc., pero hay que darle un enfoque objetivo y práctico. En cuanto a los materiales, por sus características y propiedades unos funcionan mejor que otros para determinadas soluciones. Si se pone suelo radiante, por ejemplo, los pavimentos porcelánicos son más apropiados, son más duraderos y tiene mejor mantenimiento, según el modo de instalación y el tipo de reforma.

A partir de ahí cada uno debe dejar volar su creatividad e imaginación; siempre con un poco de sentido común, eso sí: no debemos abusar de las estridencias. Cuidado con confundir lo que nos gusta en una revista o en un catálogo con lo que nos gusta y nos hace sentir cómodos. Vamos a vivir en esta casa, nos vamos a despertar en ella cada mañana durante muchos días, desayunado, comiendo, leyendo... Y lo más importante: queremos que nuestros amigos vengan a vernos de vez en cuando, sin que se asusten al entrar en casa.

Revestimientos

Vamos ahora con los tipos de revestimientos de los tabiques; si la casa tiene más de veinticinco años lo más probable es que tenga gotelé. En ese caso el mejor consejo es que, si tienes que pintarla, utilices pintura semisatinada. Todo el mundo te va a recomendar la mate, y yo hace unos años también lo habría hecho, pero hace dos años un pintor me recomendó probar con la semisatinada y desde luego fue un gran acierto. Disimula las posibles imperfecciones mejor que la mate y le da un aspecto sedoso. Mejora mucho el aspecto, y desde entonces en el gotelé yo es la que utilizo o prescribo; realmente os sorprenderéis.

No desprecies un gotelé fino. Si el acabado es fino y está bien ejecutado es muy agradecido y será fácil de pintar con el rodillo adecuado.

Si debéis tocar un tabique con gotelé, después de tocar el punto que sea hay que darle gotelé a todo el tabique, porque es imposible igualar el grano.

Siempre se puede optar por alisar. Este es un gran trabajo, además de tedioso, y es importante que además de retirar el gotelé se tenga en cuenta que hay zonas que es posible que deban deba ser tendidas de nuevo; es decir, que deban ser enfoscadas para que estén planas de verdad, ya que una vez alisadas los defectos se apreciaran más. Hay que tener en cuenta también el polvo que genera, pero eso debo advertíroslo con cualquier obra: se genera un polvo en suspensión que estará posándose durante un par de semanas como mínimo.

En cuanto al tema de la pintura, sed creativos. Salid del mundo del blanco y el vainilla; hay una gran variedad de grises y tonos arena, como colores básicos, que no pasan de moda, de los que no os vais a cansar y que combinan con todo. Esto nos permitirá jugar mucho con la decoración de la casa. De verdad, perdedle el miedo al gris, por favor; es un color maravilloso que con un poco de marrón puede convertirse en un color con un fondo cálido y combina con todos los colores: los naranjas, morados y verdes son prefectos. Por cierto, entre ellos también.

Este apartado de la pintura es muy importante, porque tan solo con pintar una vivienda podemos cambiarla, convirtiéndose en un lugar nuevo. Podemos ampliar espacios, ganar en luminosidad, darles continuidad a diferentes estancias o romper esa continuidad. Escoged los colores de las estancias: debe de hacerse con calma sin prisas, y con un punto de locura.

💡 CONSEJO

Si en una habitación uno de los tabiques se pinta en un color más oscuro, podemos darle profundidad a la habitación y parecerá más grande. Puede que parezca raro, pero no os arrepentiréis, y dependiendo de la habitación puede servir para enmarcar la zona del sofá o marcar el cabecero en la habitación.

Pensad que pintar es algo relativamente fácil y poco costoso. Cualquiera puede lanzarse a pintar un tabique o una habitación; esto puede cambiar sustancialmente la casa. El único truco es dedicarle tiempo a colocar la cinta de carrocero en los rodapiés, mecanismos, enchufes, marcos de puertas y ventanas, así como en los encuentros con los techos y el resto de tabiques. Estos encuentros con tabiques y techos se pintan con pincel para ir con cuidado. Después ya podremos usar el rodillo

Todo esto puede extenderse a las puertas y a los muebles; hay lacas con acabado acuoso muy fáciles de aplicar para la madera. Más adelante hablaremos de esto.

Vayamos un poco más allá: los papeles pintados. He de confesar que es una de mis terminaciones favoritas, que puede transformar un espacio de mil maneras.

Para los papeles pintados es imprescindible que los tabiques sean lisos; si no, pueden quedar aguas, dependiendo del espesor del papel, si este es muy fino.

Dentro de los papeles pintados os recomendamos los que sean con acabado vinílicos. Son más duraderos y resistentes, se pueden limpiar, soportarán mejor el día a día y las manchas, y en una casa donde hay niños no os arrepentiréis de esta decisión.

Nunca jamás empapeléis sobre un papel existente: no va a quedar bien, y no vais a ahorrar tiempo ni dinero.

Podéis utilizar los dos acabados: pintura y papel. El resultado es espectacular; enfatizad uno de los tabiques con papel y emplead la gama de colores del papel para la pintura en el resto de tabiques.

Si os decidís por el papel tendréis otro detalle con el que jugar: las texturas. En este caso los papeles vinílicos tienen un amplio abanico de texturas y grosores. Los hay con acabados tipo metalizado, y por supuesto no os podéis olvidar de los papeles que imitan telas. En realidad, si entráis en este mundo las posibilidades son infinitas, así que tomáoslo con calma y daos tiempo a decidir. Lo bueno es que es una de las decisiones más fáciles de cambiar en el caso de que os aburráis o canséis.

Por cierto, que los papeles vinílicos se pueden utilizar en el baño también. Su acabado es plástico y aguantan la humedad. Eso si, colocadlos en los tabiques no húmedos.

Por último, en zonas amplias podéis utilizar revestimientos de madera. Es decir, un paneleado. Tened en cuenta que tiene mayor espesor y se suele colocar sobre rastreles, lo que hace que al final sean por lo menos 3 cm de aumento de tabique. Eso sí, os dará aislamiento acústico. Recordad lo que hablamos en el apartado de tabiques, cuando hablábamos de trasdosados de cartón y yeso. Si utilizamos la madera podemos, con un solo material, conseguir varias cosas: aislamiento acústico, aislamiento térmico y un acabado nuevo.

Pavimentos

Si el mundo del acabado de tabiques es amplio, el de los pavimentos es todavía más amplio.

Podemos encontrarnos con pavimentos porcelánico, tarimas o vinílicos, gres, o pavimentos de materiales naturales, como piedras y maderas.

Particularmente creo que los materiales naturales son más cálidos —aun tratándose de las piedras— precisamente por ser naturales, pero siempre son más delicados. Debe tenerse en cuenta que estos materiales envejecen por ser naturales. Las piedras y maderas se oscurecen y se desgastan; deben cuidarse y necesitan mantenimiento, empezando por limpiezas no abrasivas, y cada cierto tiempo las maderas deben acuchillarse y barnizarse.

La piedra natural es un material poroso, es decir, que puede mancharse con algunas sustancias y líquidos. Se trata de algo que debemos tener en cuenta. Las piedras pulidas son más resistentes a las manchas, pero no se deben usar en zonas exteriores porque resbalan cuando se mojan. Los pavimentos de tipo abujardado para evitar que resbalen se manchan más fácilmente, al ser más porosos. Este tipo de suelo necesita limpiezas especiales, con chorro a presión o chorro de arena.

Para evitar estos problemas se le pueden aplicar tratamientos a la piedra, como una especie de barniz que evita las manchas.

Hoy en día las imitaciones a estos dos materiales son muy buenas: los pavimentos porcelánicos o vinílicos tienen un sinfín de acabados.

Los pavimentos vinílicos, si bien es cierto que no suelen ser muy utilizados en las viviendas, creo que es una opción más a valorar.

A la hora de cambiar un pavimento, los pavimentos vinílicos son los más fáciles de colocar. Se pueden colocar sobre el pavimento existente, debido a su mínimo espesor (2-3 mm). Hoy en día los hay en sistema *clic*, lo que facilita su colocación, y en caso de reparación se retira la pieza afectada y listo. En muchos casos no necesita nada más que un adhesivo que evita el deslizamiento. Sus acabados son infinitos: desde acabados de tipo industrial como el hormigón, a imitación de gres antiguo, y por supuesto maderas y textiles.

Además tiene un mantenimiento facilísimo, y absorben bastante bien el ruido de las pisadas.

Pero vamos a ocuparnos ahora del material más utilizado: el porcelánico. Es posiblemente el material más duradero y con el menor mantenimiento. Los hay que imitan los materiales naturales, tanto madera como piedras, que incluso están destonificados, y las imitaciones madera en ocasiones tienen un tacto suave y confortable. Los formatos son tipo tabla, y para que no pongáis limites a vuestra imaginación hay acabados metálicos, con aspecto industrial, y hasta textiles.

Los porcelánicos los puedes encontrar en diferentes formatos, tantos que sería imposible enumerarlos, desde formatos grandes 70 x 70 a formatos de 40 x 40. Lo más importante es la orientación de su colocación: podemos agrandar el espacio o justo lo contrario. Yo suelo colocar el lado largo en paralelo al lado corto, para que dé la sensación de un espacio más ancho.

Simplemente recordaos que lo mejor son tonos neutros en general. Dadle un toque original con una zona, un detalle, porque si no os terminaréis cansando. Aunque por otro lado el suelo admite decoraciones más arriesgadas, no solemos ir mirando al suelo fijamente.

La gran ventaja de escoger porcelánico es que podemos tener pavimentos continuos entre zonas húmedas y el resto de vivienda, y la continuidad de pavimento agranda los espacios visualmente. Esto hará que tu casa parezca más grande. Tened cuidado porque también puede acortarse un espacio. Si vais a colocar un pavimento nuevo debéis probar en qué sentido colocarlo. No es lo mismo: si escogéis un pavimento en formato tabla, según la manera de colocarlo lograréis que parezca más grande o no. Yo, particularmente, suelo colocarlo paralelo al lado más corto; creo que así la estancia parece mas ancha.

Pero, ¿y si nos decidimos por un pavimento de madera?

Supongo que, como todo el mundo, tenéis un lío con el parquet, la tarima, etc.

Estas son las dos formas de colocar el pavimento. El parquet va encolado o con sujeciones fijas. Es más caro por la colocación, y el material es madera natural. La capa superior de 2 mm de espesor consta por lo menos de tablas macizas o multicapa, es decir, una capa de madera más noble como acabado superficial, y una madera interior, generalmente de mayor dureza y que le aporta estabilidad.

Utilizar la madera maciza permite acuchillarla y barnizarla debido al espesor.

La tarima flotante, por el contrario se coloca mediante un sistema de machihembrado sobre el suelo directamente o sobre una «manta». La desventaja es que produce más ruido al pisarla. La ventaja es que es más fácil y limpia de colocar y más económica que el parquet. Debe colocarse en suelos bien nivelados para que no queden desniveles ni huecos.

La tarima flotante se realiza en madera laminada, compuesta por un acabado superficial que protege de arañazos y el desgaste. Es importante la clasificación de esta capa; en una casa con niños buscad un acabado resistente, siendo AC1 el más bajo y AC6 el más alto. Para una vivienda lo ideal es un término medio AC3.

La lámina decorativa puede ser una fina lámina de madera o un acabado vinílico, el núcleo de aglomerado de alta densidad.

A la hora de revisar el pavimento debéis comprobar que no haya piezas sueltas ni golpeadas, si son porcelánico o piedras, para no tener problemas. En el caso de la tarima flotante, que estén bien realizadas las juntas para que no se muevan las piezas entre ellas, y sobre todo que no se cuele el agua.

En ambos casos es importante preguntarle al propietario si tiene piezas de repuesto. Es importante por si hay que realizar algún tipo de reparación. Si la casa es nueva pedidle a la constructora que os deje unas piezas, por si acaso.

A nivel estético, tened en cuenta que los suelos oscuros son muy difíciles de mantener limpios, tanto en piedra como en madera. Lo ideal son los tonos neutros, con algún tipo de destonificación, o los degradados: disimulan mejor las manchas.

Tabiquerías

La tabiquería de cartón–yeso, mundialmente conocido como *pladur* (esto es una marca comercial), si está bien ejecutada y con aislamiento en el interior no da ningún problema. Si es así el aislamiento acústico es bastante bueno. Es muy fácil comprobar cómo está construido, simplemente con darle golpecitos; si suena a hueco, no tiene aislante. En ese caso prepárate a no tener intimidad, aunque con tabiquería de ladrillo menor de 7 cm, enfoscado por cada lado, no estará todo resuelto. Necesitamos una tabiquería de 11 cm como mínimo con el vecino. Si no, en alguna ocasión tendrás la sensación de compartir tu piso con él o viceversa.

Si os encontráis un tabique de poco espesor, ¿cómo podéis mejorar la insonorización? Pues aumentando la masa, colocando un trasdosado con algún aislamiento, generalmente de lana de roca. Es mejor si las densidades de los materiales utilizados son diferentes entre ellos; funciona mejor. Los vidrios, por ejemplo, se colocan de diferentes espesores para ganar mayor absorción acústica.

Si queréis hacer alguna modificación en la distribución de la tabiquería de vuestra vivienda, lo mejor es que lo resolváis con tabiques de cartón–yeso. Es más fácil de ejecutar, más limpio y se acortan los tiempos de obra, lo que es un detalle importante. Si lo vais a usar en zonas húmedas —baños, aseos o cocinas— deber ser hidrófugo, especial para los cuartos húmedos. Es de color verde–azulado, comprobad que es así.

Otro detalle a tener en cuenta es que en los tabiques de cartón–yeso modificar instalaciones es más fácil que en tabique de ladrillo. Es una consideración a tener en cuenta la dimensión de la perfilería, si van a pasar instalaciones en el caso de instalaciones de fontanería por lo menos de 72 mm; si solo se trata de instalaciones de electricidad, con perfilería de 48 mm es suficiente.

Importante también a la hora de colgar muebles o soportes de peso es saber qué tipo de tabique es el que tenéis. El *pladur* tiene anclajes especiales, tenedlo en cuenta para que todo esté bien anclado.

No está de más que le recordéis a quien lo este haciendo que refuerce los puntos de anclaje.

Estos consejos de algunos detalles constructivos los comentamos para los más arriesgados, que se lanzarán a hacer algunos de estas modificaciones por sí mismos. Así tendréis algunas nociones básicas para que después no tengáis que volveros locos. Sin embargo, creo que para una obrita de tabiquería deberíais contratar a algún profesional. Puede parecer sencillo, pero para que quede bien el cartón–yeso debe de emplastecerse bien y lijarse. Si no es así, por lo menos que sepan lo que están pidiendo y cómo se hacen las cosas, para que sepáis qué deben daros.

Lo mismos ocurre con los techos. Es importante saber si hay falso techo o no —hueco entre la escayola y el forjado— a la hora de colocar las lámparas: qué tipo de falso techo, si es *pladur* o escayola, etc., para pedir los anclajes o tacos necesarios, o para colgar los estores, por ejemplo.

Carpintería

Carpintería exterior
Ventanas

Este es un punto muy importante, por temas acústicos y térmicos.

Las mejores para mí son las oscilo–batientes, pues permiten abrirlas para limpiar cómodamente en el eje vertical, y las podemos abrir también en el eje horizontal para ventilar, olvidándonos de casi todos los riesgos de caídas.

En el caso de las ventanas correderas, si son ventanales grandes es importante revisar los carriles. Cuando se trata de ventanas muy grandes, si están en mal estado es imposible abrirlas por el peso; otras veces, si están sucias, se forma una especie de pasta que también hace difícil la apertura. Por lo tanto, es importante la limpieza.

Después están las ventanas abatibles de siempre. Si la carpintería es buena en cuanto a ruidos o estanqueidad, funciona perfectamente. En ventanas pequeñas es una buena opción. En este caso os recomiendo una hoja para ganar transparencia: el hueco parece más grande sin particiones.

Como en todo lo demás, abrid todas las ventanas, comprobad que abren y que cierran bien, que no se atascan las manetas, que no están descolgadas las hojas, etc. Y en el caso de las oscilo–batientes, probad las dos aberturas: la horizontal y la vertical.

En lo referente a los materiales, si se trata de madera no descuidéis el mantenimiento. Es muy importante, ya que está sometido a todas las inclemencias del exterior: lluvia, calor, frío... Esto hace que la madera se hinche y se contraiga, se seque y pierda la pintura o barniz. Es un material que bien cuidado se comporta muy bien, pero hay que cuidarlo, y con cariño.

Las carpinterías metálicas de aluminio admiten muchos acabados, lacados en diferentes colores e incluso imitaciones de madera, pero el aluminio anodizado es precioso y nada complicado. Este tipo de carpintería lo mejor es que sea con RPT (rotura de puente térmico); de este modo el aislamiento es mayor, y además no condensa el agua en el marco de la ventana: el vapor de agua del interior de la vivienda se enfría sobre el metal frio de la carpintería, pero en las ventanas de RPT esto no sucede, ya que el aislamiento impide que la cara interior este fría.

Las carpinterías de PVC son similares a la anterior, pero el propio material evita que se condense. Hoy en día la producción de este material utiliza materiales reciclables, por lo tanto es menos dañina. La verdad es que es bastante similar a la anterior, y permite también acabados en colores e imitaciones de madera.

El tema de los vidrios es muy amplio; vamos a clasificarlos de menor a mayor aislamiento.

El vidrio simple es el de toda la vida: una lamina de vidrio. Es el que menos aísla; hoy en día, en la nueva construcción, casi no se utiliza, porque el aislamiento acústico tampoco es bueno.

La siguiente calidad es el vidrio laminar. Está compuesto por dos láminas de vidrio unidas entre sí por un lámina de butiral. A este tipo de vidrio se le conoce también como «de seguridad», obligado por normativa en las puertas de los balcones o los ventanales de suelo a techo, por motivos de impacto. Cuando se rompe no se deshace: se quedan pegados los trozos.

El vidrio doble, el que —a causa de la marca comercial— se conoce normalmente como *climalit*, está formado por dos vidrios con una cámara de aire seco en medio. Es importantísimo que estén bien sellados. Si detectáis algún tipo de condensación interna es que el vidrio no está bien sellado al perfil. Este es el que mejor se comporta al aislamiento térmico y al aislamiento acústico. También admite muchas combinaciones. Si se colocan en balcones, los vidrios de cada capa deben ser laminares por temas de seguridad. Puede mejorarse el comportamiento al colocar entre los vidrios laminares, láminas que reflejan los rayos *uva*, por lo que aíslan del calor en verano. Es importante en grandes ventanales que dan a sur en zonas muy cálidas, y recibe el nombre de «factor solar». Este tipo de vidrio se pone en construcciones de alta calidad.

No vamos a volveros mucho más locos con este tema, pero recordad dos cosas: vidrio doble a ser posible; en nueva construcción, sin dudarlo o también si vais a cambiar las ventanas, y por normativa los vidrios de suelo a techo laminares.

Ahora vamos con la puerta de la vivienda. Esta es la entrada oficial a vuestro castillo. Naturalmente, podemos encontrarnos con castillos muy protegidos o con castillos menos protegidos.

Primero vamos a definir y aclarar las diferencias entre los distintos tipos:

— **Acorazada**: estructura de acero con cercos de acero y cerradura de seguridad; esta es la más segura.

— **Blindada**: estructura de madera reforzada con dos paneles metálicos, cercos de madera y cerradura de seguridad.

— **Normal**: con una doble vuelta, y puede que con una barra vertical que se ancla arriba.

La puerta blindada es suficiente. Como siempre, lo mejor es lo máximo (acorazada), pero la blindada será lo más habitual.

Si lo que os encontráis en el piso de alquiler es una puerta normal, y queréis aumentar la seguridad, os recomiendo colocar un buena cerradura de seguridad, similar a un pasador FAC. Es un pasador muy seguro, y es posible que antes rompan la puerta que abran un FAC. Se instala fácilmente con un poquito de maña. Replanteadlo bien para que coincidan las dos partes y no quede torcido. Que el pasador tenga la cadena de seguridad, que queda bien seguro.

Carpintería interior
Puertas y armarios

Lo normal son puertas de madera atamboradas, es decir aligeradas en su interior. Aíslan menos que las macizas y son mas frágiles a los golpes. Tienen multitud de acabados, diferentes maderas naturales, con insertos decorativos y partes en vidrio para ganar luminosidad.

Lo ideal es que las puertas sean macizas. Particularmente, las puertas lacadas sin casi ornamento a mí me parecen muy elegantes. No pasan de moda, combinan con todo y aíslan mucho mejor. Suelen ser de tableros de fibras con el acabado que se elija.

Lo mismo que en las carpinterías exteriores, abridlas y cerradlas. Comprobad que no haya marcas en el suelo por donde las puertas rocen, que las hojas no estén descolgadas y que las manetas —y en caso de existir en los baños, también las condenas— funcionen correctamente.

En un piso de alquiler podéis dar una imagen renovada, lacando las las puertas y cambiándoles las manetas. La hoja debe estar en buenas condiciones; de no ser así, me temo que antes deberéis repasarlas, poner algo de masilla, lijarlas y pintarlas.

Si la vivienda es nueva, vais a hacer reforma o simplemente cambiar las puertas, es importante pensar en un detalle, que es el encuentro del rodapié con el marco de la puerta. Revisad este punto, porque puede que con el rodapié existente no quede bien algo que escojáis. Las posibilidades son varias: se le puede dar continuidad entre los marcos de las puertas y el rodapié, el rodapié puede ser del mismo material que el pavimento, o si el rodapié es de MDF, puede lacarse en el color de la pared.

Pero vamos añadir otra variable mas: cuando toméis una decisión, pensad en los armarios de la casa para que estén en consonancia con las puertas. ¿Verdad que las puertas lisas empiezan a resultar una gran opción? Porque las puertas lisas de los armarios también lo son, pero es que además existe una opción muy elegante: se pueden poner uñeros que quedan muy disimulados o incluso mecanismo de apertura de *push*, y se consiguen frentes prácticamente continuos.

Recordad una cosa: vais a vivir en la casa; tened cuidado porque hay detalles muy vistosos pero puede que con el paso del tiempo os canséis. Si la base del conjunto es neutra tendrá una vida más larga y podréis poner detalles con carácter, que serán mas fácil cambiar a lo largo del tiempo. Una vivienda puede tener vida e ir representando nuestras propia vida.

💡 **CONSEJO**

En caso de necesitar pintar las puertas deberíais usar un esmalte al agua. Son fáciles de aplicar y dejan un aspecto muy sedoso. Además se puede limpiar fácilmente si manchas cuando cuando lo estas aplicando; una vez aplicado las puertas son «fáciles de limpiar», con un paño húmedo, y pero se raya y si la puerta golpea siempre con algo, se marca. Ponedles topes para evitar los golpetazos.

No hay mucho más que decir en este apartado; simplemente, que dentro de las diferentes opciones que os presenten y os encontréis, buscad puertas de colores neutros, sin mucho relieve, para que podáis combinarlas con todo. A lo largo del tiempo que viváis en esa casa es muy probable que cambiéis los colores de los tabiques, así como los muebles y la distribución de habitaciones, pero las puertas es muy posible que las cambiéis solo una vez, y eso si estáis el tiempo suficiente en esa casa.

Vamos a detallar ahora aspectos más específicos de las diferentes estancias de la vivienda en cuanto a los acabados.

Acabados de la cocina y el aseo

No es necesario deciros que deben estar alicatados por temas de humedades y limpieza.

En el baño revisad bien la grifería, abrid los grifos y cerradlos para comprobar que no pierden agua, y dejadlos abiertos un rato para comprobar que los desagües están en buen estado también. Parece algo muy sencillo, pero que casi siempre se nos olvida, y mejor que esté todo en buen estado y revisado al llegar el primer día.

Comprobad también el estado de los latiguillos, por si acaso. Nunca está de más, y solo son un par de minutos.

Con los sanitarios debemos comprobar que están bien sellados y anclados, y que no se mueven al apoyarnos en ellos.

Y por último, pero también muy importante —lo hemos comentado ya en la instalaciones, pero no está de más recordarlo adelante— comprobad las llaves de paso y de corte general de agua, además de localizar el contador de la vivienda.

Nos ocuparemos ahora de las necesidades básicas en una cocina.

Tomas eléctricas para la cocina, el horno, la nevera y/o el congelador. No os olvidéis del microondas y de las tomas de apoyo: una para cafetera casi seguro —cada día más personas han descubierto que ensucia menos una cafetera de cápsulas—, y dos más como mínimo. Al final tenemos tostadora, exprimidor, batidora... Por lo menos debe haber cuatro tomas de usos varios.

Si la lavadora no cabe en la cocina, podéis colocarla en el baño, aprovechando así las instalaciones de fontanería.

Podéis colocar un vidrio contra las salpicaduras que se producen a la hora de cocinar. Es fácil de limpiar porque no tiene juntas como los azulejos y es un material impermeable, además de darle un aspecto muy elegante. Si lo continuáis, este vidrio podéis usarlo de pizarra, con los rotuladores *veleda* de toda la vida. Como alternativa existen una pinturas con acabado pizarra que podéis usar en alguna pared o puerta, y a los peques de la casa les parece algo divertidísimo. Es una buena excusa para que el reparto de tareas empiece a ser más llevadero.

Creo particularmente que es mejor que una pieza metálica de acero, que es muy vistosa pero va ser mucho más difícil de limpiar.

En este sentido, generalmente todos los electrodomésticos con acabados metálicos traen un tratamiento anti–huellas, pero aun así requieren más cuidado. Eso sí, si estás buscando una imagen industrial la imagen es espectacular. De hecho, las cocinas industriales son de acero porque son muy resistentes e higiénicas.

Estamos ya hablando del mundo casi infinito de las encimeras y acabados de muebles.

Como primer paso vamos a intentar conocer los materiales, para poder elegir el que mejor se adapte a nuestras necesidades, gusto y bolsillo.

Los acabados usados son realmente aglomerados de partículas de madera, de mayor o menor tamaño y más o menos prensado, es decir, en mayor o menor densidad.

Esto se recubre de un acabado, lo que todos conocemos como la melanina de toda la vida, que es un aglomerado de densidad media con un acabado laminar más o menos decorado. Hoy en día se realiza en fábrica y se sella en todos sus cantos, lo que mejora mucho su comportamiento y durabilidad.

Los muebles lacados para una cocina son de tablero de DM. Este material es de mayor densidad y con terminación lacada. Es un acabado más delicado, pero que permite bastante jugar con los colores, más caro que el anterior.

Y por último de madera, lo que da un punto rústico o más bien cálido, aunque si las puertas son lisas y se combinan con materiales más industriales, resulta una combinación interesante.

En las casas de cocina hoy en día os harán imágenes en 3D muy realistas. Así podréis tomar la decisión mas fácilmente.

Si queréis color en la encimera de la cocina debéis ir a un acabado tipo *silestone*, que es de nuevo un «aglomerado», pero en este caso de partículas de piedra. Permite hacer piezas de gran formato y darle continuidad con el fregadero; si es así recordad que debéis revisar que tenga un poco de pendiente el fondo para que evacúe bien el agua.

Por higiene y durabilidad, la piedra o sus derivados son materiales fantásticos.

Si optáis por piedras naturales, el acabado pulido será más resistente a las manchas. Los colores oscuros son más resistentes a las manchas. Os lo repito de nuevo —sí, voy a insistir—: las piedras también se manchan.

Así que si la vivienda es de alquiler y os encontráis una encimera de piedra, un punto a su favor. En el caso de vivienda nueva, si podéis pedirla no os arrepentiréis, pero tratadla bien.

Cuidado con materiales como el *corian*, muy de moda hace unos años. Son mucho más delicados que los anteriores al calor y a las manchas, y son mejores para los baños. La verdad es que casi no se utilizan para cocinas, pero prefiero advertiros, por si os lo proponen, que puede que no sea la mejor opción.

Para una buena distribución de la cocina hay pequeñas tonterías que deben de tenerse en mente a la hora de diseñarla y amueblarla.

Revisad bien hacia dónde es la apertura de la nevera, y dejad un par de centímetros separados de la pared si está colocada al final, para que la puerta se pueda abrir bien.

Pensad en cómo vais a cocinar y en cómo os vais a mover en la cocina. Dejad entre la cocina y el fregadero un espacio para poder poner los utensilios que estéis utilizando. Pensad en dónde colocar los cubos de basura, recordad el espacio para el reciclaje. Cuando estamos cocinando se generan desechos, que si tenéis que llevar por toda la cocina son un engorro, nunca mejor dicho.

Incluso en las cocinas más pequeñas es posible tenerlo todo, y lo sé por experiencia. Es cuestión de medir bien cada cosa, cada detalle, hasta las alturas de los cazos y ollas para encontrarles su sitio.

El baño o aseo

Lo primero es ocuparnos de los revestimientos. Aquí no tenemos muchas dudas. En las zonas húmedas lo mejor es alicatar con azulejos o porcelánicos. En las zonas donde no haya sanitarios —inodoro, lavabo, ducha, etc.— podemos usar otro tipo de material, papel vinílicos o pintura plástica, es decir, materiales resistentes al agua.

Vamos a usar la decoración para darle amplitud al baño. Si le dais un toque diferente con la decoración en la zona del lavabo o de la ducha, marcando esa zona, podéis incluso agrandarlo más al darle profundidad, y en el resto utilizar un acabado blanco. Los acabados rectangulares con coladas en sentido horizontal lo hacen más ancho; a esto sumadle un espejo con un buen tamaño y tendréis un baño de lujo.

Podéis continuar también el pavimento en algún tabique, pero en alguna zona, si utilizamos el mismo material en todo el baño, conseguiremos hacer el espacio más pequeño y agobiante, ya que se pierden las proporciones.

En el aseo podemos usar también los mismos acabados que hemos comentado en la cocina. Para realizar las encimeras de los lavabos, una encimera de granito o piedra con un lavabo encastrado es una opción muy elegante. Se puede también realizar el lavabo continuo en *silestone*. Los lavabos sobrencimera jugando con colores de contraste quedan maravillosos. Un lavabo blanco con una encimera negra o gris es especular.

Claro, no creo que esto os lo encontréis mucho en viviendas de segunda mano de alquiler. En general, en este caso os vais a encontrar un lavabo con mueble, que es una opción más cómoda. En algunos casos puede que hasta no tenga mueble; en este caso, un mueble bajo y un par de estanterías pueden ser un buen arreglo.

Con respecto a los lavabos los hay de porcelana, vidrio y acero. Ninguno es mejor que el otro. Simplemente, los lavabos de porcelana son más fáciles de limpiar, se notan menos las manchas de cal si son blancos, y es a lo que estamos más habituados.

Los inodoros que tienen el tanque o cisterna encastrada en el tabique tienen un mantenimiento mas complicado. Si se atasca o la cisterna tiene algún problema, debe poderse acceder a ella. Generalmente este punto de acceso es donde están los mecanismos. Lo mejor es que sean registrables. Esperemos que no ocurra, pero debemos tenerlo en cuenta por los futuros desperfectos. Visualmente son muy bonitos, pero recordad que el tanque o cisterna sigue ahí; es decir, el tabique resulta más ancho. Podéis dejar esta parte del tabique más ancha solo hasta donde llegue la cisterna y usar la parte de arriba como una estantería.

Consejo de mini–reforma: una manera fácil de darle un nuevo aspecto a un baño un poco viejito es cambiar la tapa del inodoro, o incluso el grifo de la ducha: puede ser un cambio fácil y sorprendente. Otra de las pequeñas cosas que podéis hacer es colocar una mampara de ducha. Es un poco más costoso, pero le dará un toque al baño más moderno. Con estas tres cosas y la iluminación adecuada será otro baño.

Pero lo más importante en estas dos estancias es revisar las tomas de agua: si abren y cierran bien, si el agua sale caliente, si los desagües tragan bien y no están atascados, o si hay restos de marcas de óxido. Eso puede indicar goteos o deterioros.

Amueblamiento

Con respecto al amueblamiento de vivienda, lo mejor es medir todos los espacios bien. Pensad dónde vamos a colocar el sofá, la mesa del comedor, las butacas y la tele. En las habitaciones, lo mismo con la cama, las mesillas, las cómodas, etc. Comprobad que todo quepa en el lugar pensado, antes de comprarlo.

Empezad por lo imprescindible, no llenéis todo de golpe y pensad bien qué queréis y lo qué necesitáis realmente. Esto es lo primero que debéis decidir.

Divertíos en el proceso, no os lo toméis como una tarea más. Estáis preparando el lugar donde vais a vivir o a bailar el día que lleguéis agotados y enfadados a casa, para liberar toda esa energía. Si no lo hacéis, insisto en que debéis hacerlo todos los días; por lo tanto, es importante no tropezarse con mil cosas cuando os dejéis llevar por el ritmo.

Vais preparar cenas para vuestros amigos, e incluso alguna cena romántica, y si esta funciona, incluso puede que haya que hacer sitio para alguien más. Así que tomáoslo con calma: es una carrera de fondo, no un *sprint*.

Repitamos la regla de oro: **menos es más**.

Como principio general para amueblar una casa, la premisa principal es que se vea cómoda y amplia.

Como base, buscad colores y formas que armonicen. Lo ideal es colocar una pieza singular y con carácter, no recargarlo con una mesa destacada al lado de un sofá con estampados potentes y las sillas más modernas que hayamos visto. Todos sabemos que mejor una diva por estreno, si no solo vamos encaminados al desastre,

Pensad una cosa: si os decantáis por el **menos es más**, siempre existe la posibilidad de ir agregando más muebles o detalles, hasta alcanzar el equilibrio de vuestro hogar.

Si estáis en un piso amueblado, revisad bien los muebles existentes. Podéis llevaros verdaderas sorpresas, así que tomaos vuestro tiempo. Muchas veces con redistribuirlos es suficiente para que empecéis a sentir la casa como propia, con vuestra personalidad.

A los muebles viejos de una casa se les puede dar una segunda vida. Recordad que lo *vintage* está muy de moda: aplicadles barniz, laca, papel pintado o enteladlos. En todos los casos, revisad los muebles antes. Si es necesario lijarlos antes, hacedlo con cuidado, en una habitación y con una lijadora que recoja el polvo. En algún caso algún mueble lijado al que se aplica un barniz puede ser una gran y agradable sorpresa; puede que incluso retirando una capa de pintura sea suficiente.

Retapizad las sillas o sillones: ahorraréis dinero. Al final os entretendréis, y cuando veáis el resultado final os sentiréis muy orgullosos. Eso sí, no podéis ser impacientes: todo requiere su tiempo. No por correr se llega más lejos, recordadlo siempre.

Las estanterías son unas grandes aliadas, no solo en el salón: como cabeceros de cama, mesillas, etc. En una cocina pequeña aligeran el espacio, y como alternativa a los muebles del baño las encontraréis de mil formas, altas, bajas, metálicas, con o sin puertas.

En general, en espacios pequeños son una buena opción, porque son muy versátiles. Ayudan a tenerlo todo colocado en su sitio.

En este apartado también voy a daros secretos útiles en casas pequeñas, porque esas son las más difíciles de distribuir y amueblar: los canapés con almacenaje son lo más práctico y nos harán ganar mucho espacio. Cabe mucho debajo de una cama, y ya no hace falta que sea literalmente así, sino que con esta opción está todo bien colocado y fuera de la vista. Porque... casa ordenada, casa amplia, y lo más importante, casa agradable. La opción de cajas con ruedas debajo de la cama no está mal, pero son muy incómodas para limpiar; en realidad, son unas magníficas generadoras de pelusas y polvo.

Es más, con un canapé con almacenaje deberíais usar cajas o bolsas de almacenaje dentro para ordenar las cosas. Evitaréis que se descoloquen dentro y se mezclen, y el espacio se multiplicará por dos. Cabrán el doble de cosas, perfectamente organizadas.

Este truco de las cajas también funciona muy bien en los cajones para los calcetines, ropa interior, los bolsos... Perdonadme este pequeño momento de organización, pero el orden es mi pasión. No creo que llegue a ser obsesiva —bueno, un poquito—, pero creo que existe el sitio para cada cosa y debemos encontrarlo, sobre todo en casas pequeñas. Sí, ya sé que lo he dicho, pero amplía el espacio tener todo ordenado y recogido, y da mucha paz de espíritu.

Nos toca ahora hablar de los armarios. El fondo deseable para un armario son los 56 cm. No deben de bajar de 51cm, y si son de suelo a techo, mejor. Las puertas correderas son las mejores si no hay espacio delante del armario. En este caso deben de ser puertas grandes para tener buenos huecos de apertura. Si existe espacio suficiente delante del armario las puertas pueden ser abatibles, y dependiendo del tamaño de las puertas abatibles, que sean dobles, para que al abrir no coman mucho espacio con el barrido, pero buscando la mayor amplitud de hueco una vez abierta.

En los armarios es imprescindible tomar medidas exactas: un centímetro de más y no caben los cajones o cajas. Haced una buena distribución, dedicadle tiempo.

Cajones, barras, zapateros... Tened en cuenta los diferentes tipos de barras y accesorios que hay hoy en día: barras extensibles, barras que se abaten... Por lo que podéis aprovechar incluso espacios con poco fondo, si fuese necesario. Las barras y baldas extraíbles son muy cómodas, sobre todo en armarios poco profundos.

Si la casa no tiene armarios empotrados, intentad encajarlos en huecos que se acerquen a sus dimensiones. Consejo práctico: nunca vais a encontrar el armario con las dimensiones del hueco. Primero, si los astros están de vuestro lado y lo encontráis perfecto para el hueco, acordaos del rodapié. Siempre se nos olvida, y esos 2 cm pueden hacer que no quepa una vez en casa, cuando ya lo habéis subido con vuestro esfuerzo o con el del operario de la mudanza. Cuando toméis medidas pensad que hay que colocarlo restándole al hueco por lo menos 5 cm, y medid el rodapié.

Si el hueco es más grande, podéis colocar baldas entre el armario y el tabique para aprovecharlo. Siendo ordenados no hay problema: podéis usarlo como zapatero o para los bolsos, sombreros, etc. Esto mismo se aplica a los zapateros, que pueden ser un maravilloso mueble de entrada, y no solo sirven para guardar zapatos. Si os sobran cajones podéis guardar los bolsos e incluso los gorros.

Puede ser una buena idea en la misma pared, con un mismo color, jugar con muebles de distinto tamaño para convertirla en un vestidor, con tocador incluido.

No tengáis miedo a buscar usos diferentes a los muebles: una mesa de comedor plegable puede ser una cómoda de entrada. Cuando tengáis invitados, montadla como mesa comedor en un minuto, por ejemplo.

No os olvidéis de los espejos: convierten los espacios haciéndolos mas grandes.

Utilizad espejos en el recibidor: es un buen lugar, te puedes revisar antes de salir de casa, y este suele ser siempre un espacio pequeño. Si es que, al final, nuestras abuelas eran y son muy listas: ¿qué recibidor de abuela que se precie no tiene un buen espejo, incluso varios de diferentes tamaños, que es una opción muy de moda?

Y no os olvidéis de dar algún toque artístico, con cuadros o algún tipo de escultura. Los primeros aportarán puntos de luz y color. Bueno, dependiendo de vuestro carácter pueden dar sobriedad o un aspecto más *retro* en blanco y negro.

En este punto no debéis olvidaros del baño; se merece sus cuadros o decoración, como cualquier otra estancia de la casa. Las plantas verdes le dan un aspecto muy fresco, y con la humedad, si además las cuidáis un poco, podéis conseguir un aspecto muy natural.

Este es el mejor momento del traslado. Disfrutadlo; estáis creando vuestro hogar. Recordad siempre esto: aunque sea una casa de alquiler debéis hacerla vuestra, sentiros a gusto. Es el lugar donde vais a volver cansados después de todo el día para reponer fuerzas, donde vais a desayunar tranquilos los fines de semana; lo más importante es que os sintáis a gusto, que os sintáis tranquilos.

Si es vuestra casa, con más razón dedicadle su tiempo, dejad que os vaya pidiendo lo que necesita y lo que necesitáis vosotros. No se crea un hogar en un instante, todo tiene un proceso: primero lo imprescindible, seguimos con lo importante y después el resto.

Pensad en la casa como algo que va a evolucionar, no compréis muebles muy caros mientras no estéis seguros. Con el paso del tiempo podréis sustituirlos por otros de mejor calidad, o si no ha sido tan funcional la solución como creíais, podréis darle otra vuelta.

Sí debemos invertir en un buen sofá y una buena cama (canapé y colchón).

Como base para realizar una revisión de una vivienda, creo que no se nos ha quedado nada importante por comentaros.

Si la vivienda es nueva, por lógica nada debe ser un problema. Además, si la compráis durante la obra, tenéis la visita para la lista de repasos. Ese momento es el perfecto para ser críticos. Dedicadle el tiempo necesario, no os lo toméis con prisas ni como un deber, sed ordenados y meticulosos.

En caso de que sea una vivienda de segunda mano, tomaos la visita como una lista de repasos, aunque en este caso algunas correrán de vuestra cuenta. Debéis revisarlo todo y anotarlo. Queda que os marquéis la prioridad de unas cosas o de otras, y recordad que no tiene que hacerse todo el día uno. Incluso podéis negociar con el vendedor algún ajuste en el precio por las mejoras necesarias.

Primero, solucionad los desperfectos de las instalaciones, y segundo, las mejoras estéticas. En caso de obras de reforma, acometedlas a la vez y os ahorraréis dinero y, sobre todo, tiempo y suciedad.

Con las mejoras técnicas sed concienzudos, valorad las posibles opciones y diferentes soluciones. Aunque voy a ser muy sincera: a pesar de llevar más de quince años dedicándome a esto, cada vez que acabo una obra hay detalles que solucionaría de otra manera. Es normal, porque muchas de las ideas las ves materializadas cuando ya están terminadas y a veces cuesta hacerse una idea, o simplemente te das cuenta que se podían mejorar.

Después vienen las mejoras estéticas, y este es el momento de divertirse de verdad, de jugar y de volverse un poco loco. Recordad que las locuras deben hacerse con lo que tenga una vida determinada, con lo que sea susceptible de cambiar con el paso de los años.

Y ya estáis preparados para amueblarla, donde la premisa es idéntica a la anterior: lo imprescindible primero y después, con calma, intentad sentir que os enamoráis de alguno de vuestros muebles. Seguro que es un amor eterno, pero es bueno que de vez en cuando que le deis un nuevo aire a la casa.

Mudanza

Lo que no hemos tocado es el punto de la **mudanza.** Mi consejo, después de siete mudanzas propias y otras tantas de oficinas gestionadas es: orden, siempre orden. Dependiendo de vuestro presupuesto podéis tener tres opciones:

—Empresa de mudanza para todo: la mejor solución, donde no sufriréis nada. Simplemente tenéis que estar para dirigirlos, e incluso ni eso.

—La segunda opción: una empresa de mudanzas para lo más pesado, voluminoso y grande, y lo pequeño vosotros mismos. Importante la ropa, con perchas incluidas, dos trabajos menos —descolgar y colgar—; si es posible, el resto de la ropa doblada. Y una cosita más: es importante que, cuando las volváis a colgar, lo hagáis poniendo todas en la misma dirección, y ya de paso colocáis el armario nuevo con orden.

En cada caja poned lo mismo, y no os olvidéis de nombrarlas debidamente, con toda la información: estancia, situación y objetos que contienen. Así podréis realizar la mudanza con tiempo, ya que sabréis qué objetos deben ser colocados primero y cuáles pueden dejarse para los días siguientes.

Si tenéis la suerte de ir mucho al gimnasio o tener amigos que sean asiduos, podéis intentar persuadirlos, y a menos que esté demostrado que sean unos obsesivos compulsivos del orden, dejadles solo que carguen. Y mucho ánimo. No es por asustaros, pero una mudanza es algo que puede generar «algo» de tensión.

En la mudanza, aprovechad para hacer limpieza. Lo que no hayáis utilizado en dos años no lo vais a utilizar en los dos siguientes: no es necesario apegarse a las cosas, vais a empezar una nueva aventura, así que dejad espacio para las cosas nuevas, para las nuevas aficiones... En resumen, para vuestra nueva vida.

No voy a poder evitar daros algunos consejos sobre el orden.

En una casa ordenada se encuentra todo: es más fácil de limpiar.

En la cocina, los utensilios que más utilicéis son los que debéis tener más a mano, y no metáis los utensilios dentro de la olla que más usáis, porque os dará mucha pereza vaciarla cada vez que la uséis. Conclusión: un día los utensilios se quedarán fuera, encima de algún hueco libre, y poco a poco los huecos libres dejarán de existir. Entonces os empezará a dar pereza cocinar, y un buen día no recordareis cómo se fríe un huevo.

En los cajones usad cajas. Es un poco repetitivo, pero funciona muy bien para guardar los cubiertos. Utensilios como cucharones, cuchillos, pinzas o corchos serán más fáciles de encontrar, y para limpiar los cajones te facilitará mucho la labor. Buscad los accesorios para los botes de especias y para los rollos de cocina. Esto hará más fácil el almacenaje y el poder utilizarlos.

Si es posible, en la cocina poned el escurridor en el armario sobre el fregadero. La cocina siempre estará recogida, aunque acabes de terminar de fregar.

Y ya que me he lanzado, seguimos en el baño: si tienes estanterías, para que no dé siempre la sensación de estar desordenado, puedes agrupar en cajas los enseres. A la hora de limpiar el baño te ahorrará tiempo. También tardarás menos en sacar las cestas o cajas y limpiar, que todos esos millones de botes —como mínimo— que terminan generándose en el baño. Son muy útiles las cajas trasparentes, porque así se puede ver lo que hay dentro.

Como podéis comprobar, las cajas son muy cómodas para mantener el orden. Se pueden encontrar accesorios de todo tipo para los cajones o armarios. Te servirán para casi todo, estará todo organizado, no se mezclarán y encontrarás lo que buscas. Simplemente, cuando los guardes deberás mantener un mínimo cuidado.

He dejado un punto anterior un poco en el aire: las perchas en el armario se tienen que colgar de la misma manera, todas hacia dentro o hacia afuera, así como las prendas. De este modo evitarás que se líen las prendas al coger algo del armario. La perfección es que sean todas iguales, para que todo quede a la misma altura también; seguro que así no se enreda nada. Y no olvides colgar las prendas por altura. Así puedes aprovechar el espacio que queda debajo de las prendas más cortas.

En internet podéis encontrar tutoriales que os ayudarán a doblar y ordenar las prendas para que podáis verlas todas y tenerlas a mano. No es ninguna tontería: os asombraría el espacio que se gana. Después de un fin de semana organizando puede parecer que la casa es más grande, con más metros cuadrados.

El mismo criterio podéis utilizar con la ropa de cama y las toallas: dobladlas a tercios, de manera que no os queden los extremos sueltos, sino el canto doble. Cuando las cojáis no se desharán y no descolocará el resto.

Creo que hemos hecho un buen recorrido de todas las decisiones y aspectos a valorar en el proceso de la adquisición de una vivienda y convertirla en un hogar.

Partiendo de diferentes supuestos, el recorrido desde el exterior, entorno y construcción, hasta el interior de una vivienda, instalaciones y acabados, pasando por cómo adecuarla y/o mejorar su aspecto, me he atrevido incluso a daros algunos consejos de orden, pero creo que el mejor consejo es lo primero que leísteis: enamoraos de ella. Una vez encontrada la casa de tus sueños, es primordial cuidar la casa como uno cuida su cuerpo y su aspecto. Si nos aseamos, peinamos y perfumamos, el hogar debe asearse, colocarse y perfumarse. En definitiva, «ponerse guapo». Por lo tanto, no os olvidéis de regalarle flores de vez en cuando; a todas las casas les gustan.

Y ahora, a tumbarse en el sofá y a descansar... Muchas gracias por haber llegado hasta aquí y por prestarme vuestra atención.

EDITATUM

Patrocinio

Esta es la página destinada a ofrecer al lector y a los medios de comunicación, todos los datos e información sobre el patrocinador de este libro.

Puede contener su logo, una breve reseña de su actividad o producto e incluye los contactos web, de correo y telefónico.

Además, el patrocinador figurará en el espacio correspondiente en la contraportada del libro. Este patrocinio figurará en todas las sucesivas ediciones de la obra si éstas se produjeran.

Si desea recibir información sobre el patrocinio de los GuíaBurros puede dirigirse a la web:

www.editatum.com/patrocinio

Autores para la formación

C⬤nferencias
EDITATUM

Editatum y **GuíaBurros** te acercan a tus autores favoritos para ofrecerte el servicio de formación GuíaBurros.

Charlas, conferencias y cursos muy prácticos para eventos y formaciones de tu organización.

Autores de referencia, con buena capacidad de comunicación, sentido del humor y destreza para sorprender al auditorio con prácticos análisis, consejos y enfoques que saben imprimir en cada una de sus ponencias.

Conferencias, charlas y cursos que representan un entretenido proceso de aprendizaje vinculado a las más variadas temáticas y disciplinas, destinadas a satisfacer cualquier inquietud por aprender.

Consulta nuestra amplia propuesta en **www.editatumconferencias.com** y organiza eventos de interés para tus asistentes con los mejores profesionales de cada materia.

Nuestras colecciones

Guías para todos aquellos que deseen ampliar sus conocimientos sobre asuntos específicos, grandes personajes, épocas, culturas, religiones, etc., ofreciendo al lector una amplia y rica visión de cada una de las temáticas, accesibles a todos los lectores.

Guías para gestionar con éxito un negocio, vender un producto, servicio o causa o emprender. Pautas para dirigir un equipo de trabajo, crear una campaña de marketing o ejercer un estilo adecuado de liderazgo, etc.

Guías para optimizar la tecnología, aprender a escribir un blog de calidad, sacarle el máximo partido a tu móvil. Orientaciones para un buen posicionamiento SEO, para cautivar desde Facebook, Twitter, Instagram, etc.

Guías para crecer. Cómo crear un blog de calidad, conseguir un ascenso o desarrollar tus habilidades de comunicación. Herramientas para mantenerte motivado, enseñarte a decir NO o descubrirte las claves del éxito, etc.

Guías prácticas dirigidas a la salud y el bienestar. Cómo gestionar mejor tu tiempo, aprenderás a desconectar o adelgazar comiendo en la oficina. Estrategias para mantenerte joven, ofrecer tu mejor imagen y preservar tu salud física y mental, etc.

Guías prácticas para la vida doméstica. Consejos para evitar el cyberbulling, crear un huerto urbano o gestionar tus emociones. Orientaciones para decorar reciclando, cocinar para eventos o mantener entretenido a tu hijo, etc.

Guías prácticas dirigidas a todas aquellas actividades que no son trabajo ni tareas domésticas esenciales. Juegos, viajes, en definitiva, hobbies que nos hacen disfrutar de nuestro tiempo libre.

Guías para aprender o perfeccionar nuestra técnica en deportes o actividades físicas escritas por los mejores profesionales de la forma más instructiva y sencilla posible,

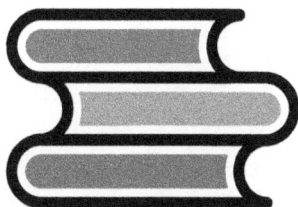

EDITATUM

Libros para crecer

www.editatum.com

Comprar un coche eléctrico

guía
burros

Hogar y Familia

Comprar un coche eléctrico

Todo lo que debes saber sobre los coches eléctricos

Esther de Aragón

GuíaBurros Comprar un coche eléctrico es una guía básica con todo lo que debes saber sobre los coches eléctricos

+INFO

http://www.cocheelectrico.guiaburros.es

guía burros

Seguros

GuíaBurros Seguros

Todo lo que necesitas saber antes de contratar
un seguro

+INFO

http://www.seguros.guiaburros.es

guía burros

Economía de acceso

GuíaBurros Economía de acceso

Todo lo necesario para conocer las nuevas economías

+INFO

http://www.economiadeacceso.guiaburros.es

guía
burros

El primer año
de mi bebé

GuíaBurros El primer año de mi bebé es una guía básica con consideraciones de nuestros hijos en cada etapa desde los 0 a los 12 meses

+INFO

http://www.mibebe.guiaburros.es

guía burros

Ciberseguridad

guía
burros

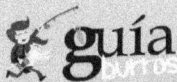

Empresa y Negocio

Ciberseguridad

Consejos para tener vidas digitales más seguras

Mónica Valle

GuíaBurros Ciberseguridad es una guía básica con todo lo que debes saber para tener vidas digitales más seguras.

+INFO

http://www.ciberseguridad.guiaburros.es

guíaburros

Tus derechos como ciudadano y consumidor

- El individuo en su condición de persona
- El individuo en su condición de familiar
- El individuo y el tráfico contractual
- El individuo en su condición de administrado
- El individuo y el acceso a la justicia

Hogar y Familia

guía
burros

TUS DERECHOS
como ciudadano
y consumidor

Marta Simó

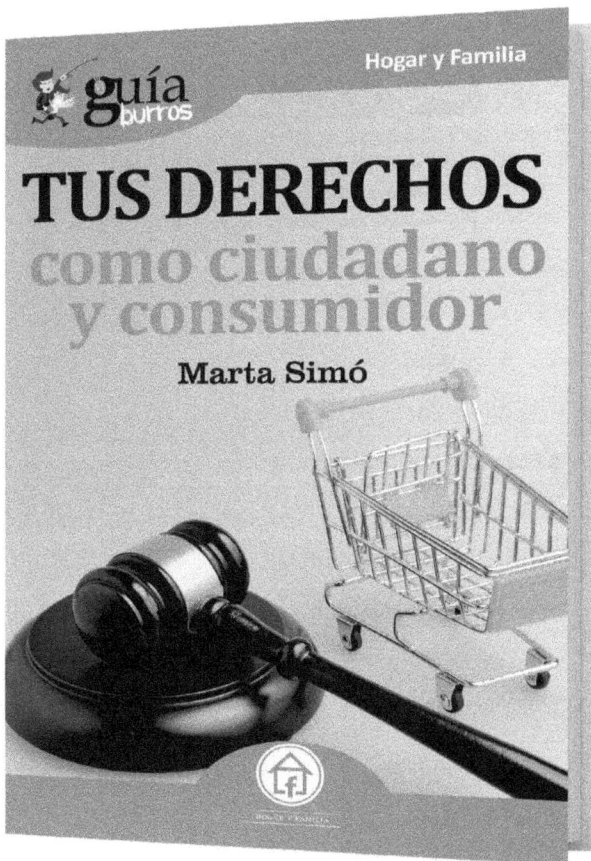

GuíaBurros Tus derechos como ciudadano y consumidor es una guía con todo lo que debes saber sobre tus derechos como ciudadano y consumidor.

+INFO

http://www.derechos.guiaburros.es

guía
burros

Inteligencia financiera

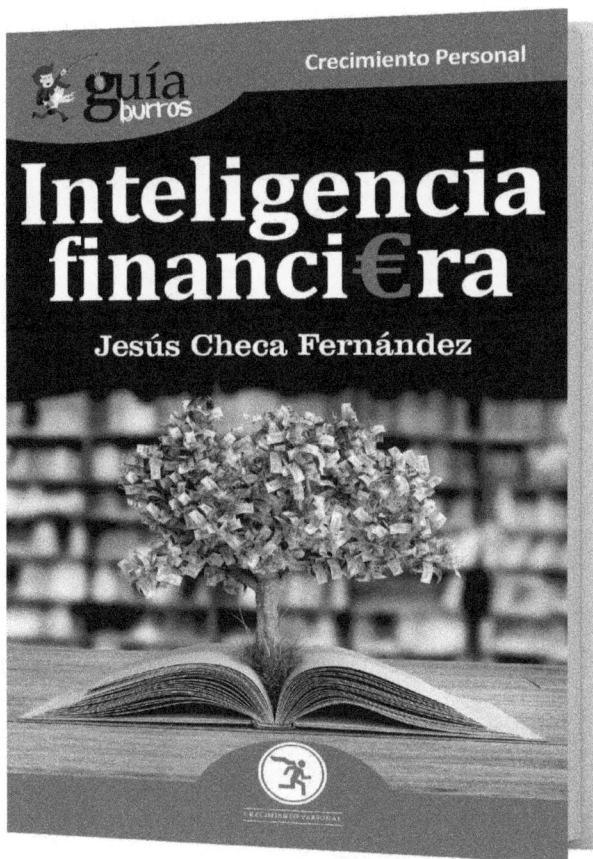

GuíaBurros Inteligencia financiera
El dinero no es para gastarlo, el dinero es para utilizarlo

+INFO

http://www.inteligenciafinanciera.guiaburros.es

Nuestra colección

www.ingramcontent.com/pod-product-compliance
Lightning Source LLC
Chambersburg PA
CBHW021008090426
42738CB00007B/705